DANA SCHWANDT

bekannt als Ichgold

EASY AYURVEDA

- DAS KOCHBUCH -

4 Schritte für Deinen Neuanfang
in der Küche

INHALT

Dieses Buch ist anders

Warum ist dieses Buch nicht wie andere ayurvedische Kochbücher? Es ist genau richtig für Dich, wenn Du keine Lust hast, den ganzen Tag in der Küche zu stehen, aber die ayurvedische Ernährungsweise sehr inspirierend findest. Es ist für Dich geeignet, wenn Du Dich gerne optimal ernähren möchtest, um damit Deine Gesundheit zu fördern und Dich wirklich wohl in Deinem Körper zu fühlen. Und es ist etwas für Dich, wenn Du bereit bist, Dogmen und strenge Regeln über Bord zu werfen und eine natürliche und intuitive Herangehensweise an das Zubereiten von Mahlzeiten erlernen willst.

Dieses Buch ist nichts für Dich, wenn Du hochkomplexe Rezepte erwartest, bei denen Du die Hälfte der Zutaten nicht kennst – ich habe alles so einfach wie möglich gemacht. Es ist nichts für Dich, wenn Du lange Nahrungsmittellisten suchst, die Dir die guten und schlechten Nahrungsmittel vorstellen. Im Ayurveda gibt es keine Verbote.

Dieses Buch ist aber auch nichts für Dich, wenn Du tief in die ayurvedische Konstitutionstheorie bzw. die Doshas einsteigen möchtest. Ich habe mich bewusst dafür entschieden, die Doshas nicht mit in dieses Buch aufzunehmen. Sie sind meiner Meinung nach zu Beginn nicht wichtig und würden alles für Dich nur unnötig verkomplizieren. Zentral ist es zunächst, Deinen Verdauungstyp herauszufinden – hier wirst Du viel darüber lernen, wie Du diesen ins Gleichgewicht bringen kannst.

Dieses Kochbuch zeigt Dir, was eine Mahlzeit zu einem ayurvedischen Gericht macht und was der Unterschied zwischen streng ayurvedisch und meinem Ichgold-Style ist. Hier bekommst Du die Fähigkeit, in der Küche Fünfe auch mal gerade sein zu lassen. Pizza und Ayurveda geht nicht zusammen? Und ob! Du wirst verstehen, wie solche Lieblingsgerichte in Deine ayurvedische Ernährung passen. Du erhältst eine Idee davon, was Deinem Stoffwechsel guttut und wie Du Dich ayurvedisch ernähren kannst, auch wenn dies nicht für alle in Deiner Familie auf die gleiche Art und Weise gilt.

ZU DIESEM KOCHBUCH HABE ICH NOCH EIN GESCHENK FÜR DICH!

Und zwar meinen Kurs „Das 1×1 der Geschmacksrichtungen – wie Du durch den Einsatz der Geschmacksrichtungen zu- oder abnimmst und Deine Verdauungsbeschwerden reduzierst“.

Du erhältst in dem etwa 20-minütigen Videoworkshop einen Überblick über die sechs Geschmäcker und ihre Wirkung und erfährst, welche Geschmacksrichtungen dafür sorgen, dass Du ab- oder zunimmst, dass Du frierst oder Dir warm wird, oder welche Geschmäcker Dich erden. Du weißt am Ende, wie Du mit ihnen Deine Verdauung unterstützt.

Und welche Geschmacksrichtungen in der Regel zu oft und welche zu wenig in unserer Ernährung vorkommen und mit welchem Shortcut Du immer alle sechs Geschmäcker integrierst, ohne dass es kompliziert wird. Außerdem erhältst Du meinen Geschmacksrichtungs-Guide zum Download, den Du Dir an den Kühlschrank hängen kannst, sodass Du auf einen Blick siehst, wie Du Deine Mahlzeit mit einfachen Mitteln optimieren kannst.

Gehe auf: www.ichgold.de/geschmacksrichtungen und lade Dir Dein Geschenk, „Das 1×1 der Geschmacksrichtungen“, kostenlos herunter.

Und nun wünsche ich Dir viel Freude beim Einstieg in die intuitive Küche!

Deine Dana

DIE BASICS DER AYURVEDA-KÜCHE

Locker lecker
AYURVEDISCH KOCHEN

Auf diesen ersten Seiten findest Du alle wichtigen Infos für einen guten Einstieg in die ayurvedische Küche. Du erfährst, worauf es bei Deiner Verdauung ankommt und was Du beim Kochen beachten solltest.

WIE GEHT INTUITIV KOCHEN?

Eigentlich wollte ich nie ein Kochbuch schreiben. Das hatte vor allem einen Grund – ich selbst koche nie streng nach Rezept. Versteh mich nicht falsch: Ich liebe Kochbücher und besitze auch nicht wenige. Ich nutze sie aber vor allem dazu, um darin zu blättern und mich inspirieren zu lassen. Und dann mache ich in der Regel doch alles anders und koche auf Basis der Idee intuitiv.

Ich mag es kreativ und es stört mich gar nicht, wenn das Gericht nicht perfekt ist. Wichtiger ist mir, dass es unkompliziert ist. Ich weiß aber auch, dass es sehr wohl andere Leute gibt, für die zum Beispiel Präzision oder besser gesagt Perfektion überaus bedeutsam ist. Du zählst Dich dazu? Dann bist Du hier genau richtig. Du wirst hier nicht das finden, was sich Dein System zunächst zu wünschen scheint. Aber Du wirst lernen, Deinen hohen Anspruch zumindest in der Küche abzulegen, und einen intuitiveren Zugang zum Kreieren leckerer und gesunder Mahlzeiten finden.

In all den Jahren, in denen ich die Teilnehmer unserer Online-Kurse darin coache, die ayurvedischen Prinzipien in ihr Leben zu integrieren, sind mir folgende Punkte aufgefallen:

1. Die Umsetzung muss supereinfach sein.
2. Sie darf nicht viel Zeit kosten.
3. Und am besten wird das zum Kochen verwendet, was ohnehin in der Küche ist.

Je mehr Du in die Kochroutine gefunden hast und je leichter es Dir fällt, intuitiv ans Kochen ranzugehen, desto komplexer darf es werden. Dann bleibt auch der Spaß an der Zubereitung erhalten.

SO KAM ES ZU DIESEM BUCH

Unsere Community und unsere Kursteilnehmer haben schon lange nach einem Kochbuch gefragt. Das hat sich nach meinem ersten Buch „Dein Neuanfang mit Ayurveda" noch verstärkt. Und so habe ich mich dazu entschlossen, nun doch ein Kochbuch zu machen. Von vorneherein war klar: Das passiert nur zusammen mit Anette (mehr über Anette und mich auf Seite 162) und die Gerichte müssen alle diese Kriterien erfüllen: einfach, schnell und so wenig exotisch wie möglich.

4 SCHRITTE FÜR EINEN LEICHTEN EINSTIEG

Die größte Herausforderung beim Ausprobieren von Neuem ist die Einstiegshürde. Bezogen auf Rezepte bedeutet das: lange Zutatenlisten, komplizierte Zubereitungsschritte in unendlich langen Texten. Getoppt mit einem Foto eines Gerichts, bei dem ich schon im Voraus weiß: So wird das bei mir niemals aussehen. Nichts davon wirst Du in diesem Buch finden.

Wir haben die Zutatenliste so kurz wie möglich gehalten (auch wenn sie manchmal wegen der Gewürze etwas länger erscheint) und jedes Gericht in maximal 4 Schritte heruntergebrochen. Zudem haben wir so wenig exotische Zutaten wie möglich verwendet, ohne der ayurvedischen Küche untreu zu werden, und Bilder produziert, bei denen das Essen so aussieht wie bei Dir später auf dem Tisch.

NOCH EINE KLEINIGKEIT

Ich habe in unserer Online-Community nachgefragt, was den Mitgliedern bei einem Kochbuch wichtig ist und welche Wünsche es dazu gibt. Wir haben alle Antworten gesammelt und sie so gut es geht hier integriert. Daher findest Du Tipps und Tricks zur Anwendung im Text, auf den Doppelseiten zwischen den Rezepten, den Kapitel-Aufmachern, aber auch auf den Rezeptseiten selbst. Wir hoffen, es gefällt Dir und Du kommst gut damit zurecht.

Braucht es die Gewürzvielfalt?

Vorab ein kleiner Hinweis: Wenn Du noch nie ayurvedisch gekocht hast und Dein Gewürzregal nur aus Pfeffer und Salz besteht, wirst Du das ein oder andere dazukaufen müssen. Wir haben so viel wie möglich weggelassen, aber natürlich nicht alles.

Ich gebe Dir einen kleinen Einblick in meine Küchenschränke auf Seite 22 in der „Ayurvedischen Vorratskammer". Du lernst die Basics kennen und kannst alles, was Du nicht dahaben solltest, in einem Rutsch besorgen. Grundsätzlich gilt jedoch: Du kannst das Rezept auch immer mit den vorhandenen Zutaten zubereiten!

Was ist Ayurveda UND WAS IST ES NICHT?

Ayurveda handelt kurz gefasst von der Wissenschaft des langen Lebens. Ayurveda möchte, dass wir uns die Intelligenz unseres Körpers und der Natur zunutze machen, um unser Leben voll auszuschöpfen.

Dabei wird davon ausgegangen, dass 95 Prozent aller Krankheiten ihren Ursprung in einem Ungleichgewicht des Stoffwechsels haben. Und da Krankheiten leichter zu verhindern als zu heilen sind, legt Ayurveda sehr viel Gewicht auf Tagesroutinen und eine stoffwechselgerechte Ernährung. In meinem ersten Buch „Dein Neuanfang mit Ayurveda" erkläre ich ausführlich, wie der Stoffwechsel funktioniert, wie auch unser Mindset damit zusammenhängt, wie wir unsere Gewohnheiten ändern können und vieles mehr. Der Hintergrund ist der, dass wir uns mit der heutigen Ernährung oftmals keinen Gefallen tun. Wir rudern mit einem Kanu gegen den Strom, was uns viel zu viel Energie kostet.

Die ayurvedische Küche in ihrer einfachen Form hilft Dir, mit dem Strom zu schwimmen – Deine Verdauung und Du selbst kommen in den Fluss des Lebens. Der Fokus dieses Buchs soll deshalb Dein Neuanfang in der Küche sein. Ich will ein für alle Mal aufräumen mit dem Vorurteil, dass ayurvedische Ernährung kompliziert, anstrengend und nicht alltagstauglich ist. Dazu müssen wir uns anschauen, was genau ayurvedische Ernährung eigentlich ausmacht.

MEINE DEFINITION EINES AYURVEDISCHEN GERICHTS

Für mich bedeutet ein ayurvedisches Gericht, dass es mein Wohlbefinden und meine Gesundheit fördert. Dazu gehört auch:

- Es ist die gesündere Wahl, verglichen mit einer Alternative, die ich sonst essen würde.
- Die unayurvedische Ausnahme ganz ohne schlechtes Gewissen und die langsame Umstellung der Ernährung.

Wie sehen diese Facetten genau aus?

FÖRDERUNG VON WOHLBEFINDEN UND GESUNDHEIT

Das heißt, dass ich einerseits den Rhythmus meines Körpers, also meine innere Uhr, verstehe und lerne, eher nach ihr zu leben anstatt nach gesellschaftlichen Konventionen (mehr zur inneren Uhr findest Du auf Seite 12). An dieser Stelle ist wichtig, dass dies kein intellektuelles Konzept bleibt, sondern durch Ausprobieren zu einem Selbstexperiment wird. So soll erspürt werden, wie der Körper funktioniert und welche Auswirkungen verschiedene Dinge haben: Bekomme ich Blähungen von Hülsenfrüchten, fühle mich aber nach einem Porridge zum Frühstück wie im siebten Himmel? Habe ich ständig Hunger und kann alles essen, ohne zuzunehmen, kriege aber schnell Durchfall, wenn ich zu viele Tomaten oder zu scharf esse? Oder wache ich mit einer dichten Nase auf, wenn ich abends Eis esse? Das sind wichtige Indikatoren dafür, wie Dein Körper funktioniert. Auf den Seiten 15 bis 17 findest Du eine Beschreibung der verschiedenen Verdauungstypen und einen Selbsttest, sodass Du mit Deinem persönlichen Selbstversuch starten kannst. Und ganz wichtig dabei – es ist ein Spiel, kein Wettbewerb, bei dem Du etwas richtig oder falsch machen kannst. Mein Lieblingsspruch ist: bloß nicht komisch werden. Er meint: Lass den Druck und den Anspruch weg. Dann wird es superleicht.

ES IST DIE GESÜNDERE WAHL

Ich poste auf den Social-Media-Kanälen gerne Fotos von „ungesunden" Dingen und schreibe dann mit einem Augenzwinkern dazu, was daran ayurvedisch ist. Die Pizza wird ayurvedisch, wenn ich sie mittags esse. Dann ist meine Verdauung am stärksten und nicht abends. Der Schokoriegel wird ayurvedisch, wenn ich ihn nicht als Snack zwischendurch zu mir nehme, sondern direkt als Nachtisch zu meinem Mittagessen. Die Kuchenschlacht zum Geburtstag wird ayurvedisch, weil sie um 16 Uhr stattfindet und das Abendessen ersetzt. Deine Schweinshaxe wird ayurvedisch, indem Du sie mit Gemüse anstelle von Sahnesauce und Kartoffeln kombinierst.

Du siehst, alles ist erlaubt. Den Unterschied macht Deine Fähigkeit aus, bewusst zu wählen und es Deinem Körper leichter zu machen, als Du es vielleicht aus Deinen alten Gewohnheiten heraus tun würdest. Und das sind eben nicht lange, komplizierte Listen an Gewürzen, von denen Du noch nie gehört hast! (Zugegeben, ich liebe schon einige Gewürze, die Du vielleicht noch nicht kennst, und ich mag auch die klassisch indischen. Aber diese sind keine Voraussetzung für ayurvedisch, siehe unten!)

DIE UNAYURVEDISCHE AUSNAHME – UND DIE LANGSAME UMSTELLUNG

Ayurveda bedeutet vor allem: kein Verzicht und ganz viel Genuss. Genießen fördert die Verdauung. Verzicht und Stress beim Essen stören die Verdauung. Es funktioniert also für die meisten von uns nicht, von heute auf morgen alles zu verändern. Auch wenn wir in unseren Kursen immer wieder feststellen, dass genau dieser Anspruch und der damit verbundene Druck tief in unserem System stecken. Es geht darum, uns selbst verstehen zu lernen und unsere Küchenpraktiken und damit unseren Stoffwechsel nach und nach zu transformieren.

DIESES KOCHBUCH IST NICHT STRENG AYURVEDISCH

Du wirst hier einiges finden, das einen streng ausgerichteten Ayurvedi in den Wahnsinn treiben würde. Das ist okay, denn meine Absicht ist es nicht, aus Dir einen eingefleischten Ayurvedi zu machen, sondern Dir den Einstieg zu erleichtern – einfach, alltagstauglich und undogmatisch!

Einführung in DIE AYURVEDISCHEN PRINZIPIEN

Hier erfährst Du die relevanten Infos zu allem, was Du brauchst, um Dein Fundament zu gießen. Alles andere lass ich wie in den Einstiegskursen zunächst weg. Was sind die wichtigen Basics?

DEINE INNERE UHR

Alles in der Natur funktioniert in Zyklen. Es gibt den Lebenszyklus, den Jahreszyklus, den Tageszyklus, den Verdauungszyklus und viele mehr. Egal wie sehr wir glauben, durch immer verfügbare Nahrungsmittel, elektrisches Licht und technische Gadgets unabhängig von diesen Zyklen zu existieren, jede einzelne unserer Zellen folgt diesen Rhythmen – ob wir wollen oder nicht. Je weiter wir uns von diesem Rhythmus der Zellen entfernen und damit konträr zu diesem leben, desto mehr muss unser Körper dies ausgleichen. Das läuft eine Weile gut, bis dann irgendwann nichts mehr geht.

Ich werde immer wieder gefragt, warum wir etwa zwischen 30 und 40 anfangen, diverse kleine Zipperlein zu entwickeln. Aus ayurvedischer Sicht geschieht das, weil unser Körper es nicht mehr schafft, unser ungünstiges Verhalten zu kompensieren. Wir müssen also anfangen, ihn zu unterstützen und uns wieder an dem natürlichen Rhythmus unserer eigenen Zellen zu orientieren (mehr Infos dazu gibt es in meinem Buch „Dein Neuanfang mit Ayurveda“).

DER WICHTIGSTE ZYKLUS FÜR DEINEN NEUANFANG IN DER KÜCHE

Der Tagesverlauf und wie die Kraft Deines Stoffwechsels sich währenddessen verändert, stehen nun im Fokus. Der Stoffwechsel funktioniert wie ein Lagerfeuer und die verschiedenen Gerichte des Tages dienen entweder dem Feuer oder stören es. Ein gut funktionierendes Feuer in Deinem Bauch ist die Grundlage für Deine Gesundheit. In der Schulmedizin würden wir das Verdauungskraft nennen, im Ayurveda nennt man es Agni. Ein gut funktionierendes Feuer hält Dich gesund und wenn es nicht gut funktioniert, wirst Du krank. Einer der wichtigsten Faktoren dabei ist Deine Mahlzeitenstruktur.

DIE WICHTIGSTE MAHLZEIT – DAS MITTAGESSEN ZWISCHEN 10 UND 14 UHR

Wenn die Sonne am höchsten steht, ist unser Verdauungsfeuer am stärksten bzw. haben wir die größte Menge an Verdauungssäften. Bei Oma stand um 12 Uhr das Mittagessen, also die Hauptmahlzeit, auf dem Tisch. Die meisten von uns essen heute die Hauptmahlzeit eher am Abend – genau dann, wenn unser Körper natürlicherweise nicht mehr besonders viel Kraft zum Verdauen hat.

MORGENS DAS FEUER ANZÜNDEN – MIT DEM FRÜHSTÜCK

Nach der Nacht schläft die Verdauung noch, deshalb muss das Feuer angezündet werden. Dabei darauf achten, dass der Stoffwechsel nicht gleich mit etwas schwer Verdaulichem lahmgelegt wird.

ABENDS GIBT ES EINE LEICHTE, LETZTE MAHLZEIT – IDEALERWEISE VOR 19 UHR

Spät am Tag ist nur noch wenig von dem mittäglichen Feuer übrig, deshalb gilt es auch, zu dieser Tageszeit leicht zu essen. Außerdem ist unser körpereigenes Detoxsystem zwischen 22 und 2 Uhr morgens aktiv. In der Kombination mit einer Nahrungspause über Nacht von 13 Stunden oder mehr ist das eine sehr effektive Krankheitspräventionsmaßnahme. Das Detoxsystem kann allerdings nur optimal arbeiten, wenn die Verdauung vom Abendessen abgeschlossen ist. Daher wird nicht nur eine leichte, sondern auch eine frühe Abendmahlzeit empfohlen.

Im Englischen hieß das Abendessen früher Supper. Das kommt von Supplement, was so viel heißt wie „ein kleines Extra". Es hat vor allem die Funktion, uns ohne Hunger zur nächsten Mahlzeit zu bringen. Und die englische Sprache hält noch mehr bereit, denn das Frühstück heißt dort „Breakfast" – also Fastenbrechen nach der Essenspause über Nacht.

MEINE FAUSTREGELN

Iss drei Mahlzeiten am Tag, davon so viele wie möglich warm. Nimm ein leichtes Frühstück zu Dir, das Dein Feuer anzündet, mittags die Hauptmahlzeit und abends zu einem frühen Zeitpunkt ein leichtes Gericht. Zwischendrin erlaube Deinem Körper eine Pause, indem Du das Snacken reduzierst.

WAS IST MIT GETRÄNKEN ZUM ESSEN?

Trinken zum Essen stört die Verdauung, vor allem, wenn es kalt und viel ist. Die klassische Apfelschorle mit Eiswürfeln wird also nicht empfohlen. Nimm Flüssigkeiten ab etwa eineinhalb Stunden nach der Mahlzeit bis etwa eine halbe Stunde davor zu Dir. Trinke während der Mahlzeiten eher wenig und am besten warm oder heiß. Wasser- und Teevarianten für Deinen Verdauungstyp findest Du auf Seite 34.

Wie geht's Deiner VERDAUUNG?

Verdauung ist der Prozess der Nahrungsverarbeitung, also das, was Dein Körper macht, um aus den Nahrungsmitteln, die Du zu Dir nimmst, neue Gewebebausteine zu produzieren und Energie zu ziehen. Natürlich entstehen bei diesem Vorgang auch Abfallprodukte.

Dieser Prozess, bei dem der Körper einen Stoff in einen anderen umwandelt, ist der Stoffwechsel. Die wichtigste Komponente für diesen Prozess ist aus ayurvedischer Sicht Dein Agni, auch Verdauungsfeuer genannt. Ein ausbalanciertes Verdauungsfeuer sorgt dafür, dass Du alles verdauen kannst, viel Energie hast, keine Schlacken ansammelst und ein stabiles Immunsystem hast. Dein Schlaf ist tief, Du fühlst Dich in Deiner Mitte und es geht Dir rundum blendend.

Und auch Deine Darmentleerung ist ein wichtiger Indikator. Wenn alles im Gleichgewicht ist, entleert er sich ein bis zwei Mal pro Tag. Das erste Mal innerhalb von einer Stunde nach dem Aufstehen ohne Zuhilfenahme von Kaffee, in einer weichen, aber geformten Konsistenz – wie Zahnpasta oder eine reife Banane. Ich weiß, das geht schon sehr ins Detail, es ist aber ein superwichtiges Thema. Wenn Du anfangen willst, Dich gesünder zu ernähren, musst Du richtig deuten können, wie Dein Körper kommuniziert, was ihm wann gutgetan hat.

Bei den meisten von uns ist unser Verdauungsfeuer nicht im Gleichgewicht. Im Ayurveda werden drei verschiedene Ungleichgewichtszustände beschrieben, die Du kennen solltest. Denn hast Du Deine Verdauungsart erst mal erkannt, kannst Du über Dein Essen leicht steuern, wie Du Dich wieder mehr ins Gleichgewicht bringst.

DIE PRINZIPIEN IM AYURVEDA

Im Ayurveda gelten zwei einfache Prinzipien:

1. **Gleiches verstärkt Gleiches und das Gegenteil gleicht es aus.**
2. **Es wird in Eigenschaften gedacht.**

Ein bestimmter Verdauungstyp hat gewisse Eigenschaften. Führe ich mir Nahrung mit den gleichen Eigenschaften zu, verstärkt dies das bereits vorherrschende Problem. Ich möchte deshalb mit der Nahrung die gegenteiligen Eigenschaften zu mir nehmen. Sprich: Hast Du viel Hitze im System, solltest Du nicht noch Erhitzendes zu Dir nehmen.

DIE VERDAUUNGSTYPEN

Die Verdauungstypen erkennst Du am besten an ihren jeweiligen Ungleichgewichtszuständen. Jeder der drei Verdauungstypen hat ein Icon, das Du bei den Rezepten wiederfindest.

DIE SENSIBLE VERDAUUNG

Neigung zu Verstopfung, trockenem Stuhl und Nahrungsmittelsensibilitäten

Jeder Stuhlgang, der seltener oder härter ist als der links beschriebene, zählt laut Ayurveda zu Verstopfung. Dies kommt bei sensibler Verdauung oft vor. Es kann jedoch auch zu wechselhafter Verdauung kommen, sodass Verstopfung sich mit dünnem Stuhl abwechselt. Zudem befindet sich häufig Luft in der Verdauung, was zu Blähbauch, Blähungen oder auch Rülpsen führen kann. Nahrungsmittelunverträglichkeiten oder auch Allergien treten häufig auf.

Eigenschaften der sensiblen Verdauung: leicht, trocken, kalt

Eigenschaften der Nahrung als Ausgleich: schwer/nährend, feucht/ölig, warm/wärmend

DIE HEISSE VERDAUUNG

Neigung zu dünnem, eventuell brennendem Stuhl, oft mehrfach am Tag. Tendenz zu starkem Geruch, Durchfall und Sodbrennen

Bei diesem Verdauungstyp wird die Verdauung zu heiß und zu schnell, sodass der Körper nicht genügend Zeit hat, dem Stuhl Wasser zu entziehen. Er ist deshalb weicher als gewünscht. Dieser Typ hat ständig Hunger und neigt zu Sodbrennen, Magenschmerzen und dünnem Stuhl.

Eigenschaften der heißen Verdauung: heiß, ölig, sauer

Eigenschaften der Nahrung als Ausgleich: kühlend, trocknend, basisch machend

DIE TRÄGE VERDAUUNG

Sehr langsame und träge Verdauung mit klebrigem Stuhl

Dieser Verdauungstyp hat die langsamste Verdauung. Manchmal findet sie weniger als einmal am Tag statt, aber nicht wegen Verstopfung, sondern mangels Tempo. Es braucht nicht viel und der Typ nimmt schnell zu. Völlegefühl und Schwere nach dem Essen gehören dazu, der Stuhlgang ist manchmal schleimig. Das Feuer ist nicht heiß genug und zu schwach.

Eigenschaften der trägen Verdauung: schwer, feucht, kalt

Eigenschaften der Nahrung als Ausgleich: leicht, trocknend, warm/wärmend

Welcher VERDAUUNGSTYP BIST DU?

Hier findest Du einen kleinen Test. Aber Achtung: Nimm es nicht so genau! Es ist nicht ganz leicht, die Fragen zu beantworten. Wahrscheinlich trifft oft mehreres zu. Wähle trotzdem nur eine Antwort und sieh das Ergebnis eher als Tendenz und nicht als in Stein gemeißelt an.

- ☐ C) Ich habe viel Appetit.
- ☐ A) Mein Appetit ist unregelmäßig.
- ☐ B) Mein Appetit ist durchschnittlich.

- ☐ B) Ich neige zu Sodbrennen.
- ☐ C) Ich fühle mich oft unangenehm voll nach dem Essen.
- ☐ A) Ich habe oft einen Blähbauch oder auch Blähungen.

- ☐ B) Ich habe jeden Tag Stuhlgang, meistens sogar mehrmals.
- ☐ A) Ich habe nicht jeden Tag Stuhlgang. Oft mehrere Tage nicht.
- ☐ C) Ich habe jeden Tag zur gleichen Zeit Stuhlgang.

- ☐ A) Ich habe unregelmäßig Hunger. Mal doll, mal vergesse ich aber auch zu essen.
- ☐ C) Ich habe wenig Hunger, aber könnte immer essen.
- ☐ B) Ich habe ständig Hunger. Wenn ich dann nichts bekomme, werde ich richtig sauer.

- ☐ C) Mir liegt Essen oft schwer im Magen.
- ☐ B) Ich kann alles verdauen.
- ☐ A) Ich habe einige Nahrungsmittelsensibilitäten oder Unverträglichkeiten.

- ☐ A) Ich liebe Suppen und Eintöpfe und mag Essen gerne matschig oder breiig.
- ☐ B) Ich liebe es, wenn es knackt und gehaltvoll ist. Sonst werde ich nicht satt.
- ☐ C) Ich mag eigentlich alles.

- [ ] A) Ich laufe öfter leer und bin unterzuckert, vergesse aber manchmal zu essen.
- [ ] B) Ich könnte niemals eine Mahlzeit auslassen.
- [ ] C) Ich habe keine Probleme damit, eine Mahlzeit auszulassen.

- [ ] B) Ich liebe scharfes, würziges Essen.
- [ ] A) Ich mag es sahnig und mild.
- [ ] C) Meine Lieblingsgeschmacksrichtung ist süß.

AUSWERTUNG

Die höchste Zahl dominiert bei Dir Deine Verdauung.

A steht für sensible Verdauung.

B steht für heiße Verdauung.

C steht für träge Verdauung.

Das Ergebnis zeigt Dir, wohin Deine Verdauung tendiert. Da wir alle Mischtypen sind und unsere Verdauung auch Schwankungen unterliegt, nimm Dein Ergebnis als Ausgangspunkt, um Dich besser kennenzulernen und zu experimentieren.

Unter den Rezepten findest Du die Icons, über die Du das Gericht an Deinen Verdauungszustand anpassen kannst, damit es Dein Gleichgewicht optimal fördert. Wenn Du zu Deinem Verdauungstyp nichts findest, ist das Gericht, so wie es geschrieben steht, optimal für Dich.

BEVOR ES IN DIE KÜCHE GEHT

Wie Du das Kochbuch VERWENDEST

Meine Herangehensweise: Setze die Dinge in Relation zu der Alternative. Ein selbst gekochtes, aufgewärmtes Gemüsegericht von gestern ist immer noch wertvoller als eine Fertigpizza. Was gilt es zudem beim Kochen zu beachten?

Am Wochenende vorzukochen und einzelne Mahlzeiten einzufrieren für Gelegenheiten, wenn es mal sehr schnell gehen muss, ist immer noch besser, als wieder beim Käsebrot zu landen. Das Ganze ist kein Wettbewerb und es geht nicht um Perfektion. Es ist eine Reise zu mehr Selbstfürsorge und gesünderen Gewohnheiten in der Küche. Oberstes Gebot ist: nicht komisch werden. Beginne damit, nach und nach immer mehr Mahlzeiten in Deinem Alltag nach den ayurvedischen Prinzipien zuzubereiten, sodass es Deinem Stoffwechsel und damit Dir immer besser geht.

Wie kann dies einfach gelingen? Wir müssen es uns erlauben, vom Pferd zu fallen, um das Reiten intuitiv zu erlernen. Das heißt übersetzt: Das größte Hindernis in der Umsetzung ist die Integration in den Alltag. Du kannst davon ausgehen, dass es immer etwas „unbequem" oder einfach nur „ungewohnt" ist, etwas Neues anzufangen. Allerdings wird es nach dem ersten Anschub immer leichter.

MENGENANGABEN UND ALLGEMEINE REZEPTINFOS

Je mehr Feuerelement wir in unserem System haben, desto höher ist unser Perfektionsanspruch. Das ist in bestimmten Bereichen förderlich, beim Kochen allerdings oft eher kontraproduktiv. Wenn Du Dich angesprochen fühlst, dann sind unsere Mengenangaben besonders für Dich ideal. Du lernst Dich mehr auf Deinen Geschmack und das Ausprobieren zu konzentrieren, anstatt strikt den Angaben zu folgen. So lernst Du, Dich und Deine Lieben unkompliziert, intuitiv und wie nebenher optimal zu versorgen.

Wann auch immer Du Gewürze findest, meinen wir die gemahlenen, ansonsten steht es extra dabei. Und an alle Veganer: Wann immer wir Ghee (die geklärte ayurvedische Butter, Rezept siehe Seite 30) verwenden, kannst Du es einfach durch Kokosöl oder ein anderes Öl Deiner Wahl austauschen. Wir verwenden als Mengenangaben meist Tassen (Inhalt: ca. 200 ml), EL (Esslöffel), TL (Teelöffel), Handvoll und Stück (bei Gemüse und Obst). In einigen Rezepten wie den Grundrezepten findest Du auch Mengenangaben in Gramm. Da wir dort offengelassen haben, um welche Gemüse- oder Obstsorte es sich handelt, blieb uns nur das Gewicht. Dieses bezieht sich immer auf das Gewicht vor dem Schälen, Entkernen und Co., um Dir eine ungefähre Vorstellung der Menge mitzugeben. Aber auch hier brauchst Du sie nicht so genau zu nehmen.

NEVERENDING MEAL TIP ODER: AUFWÄRMEN IST ERLAUBT

Das oberste Gebot im Ayurveda ist: Koche immer frisch. Ich halte dies für sehr löblich und im Grunde auch für erstrebenswert. Allerdings erachte ich es für die meisten von uns als utopisch in einem modernen, hochgetakteten Alltag. Meine Erfahrung ist: Wenn wir den Anspruch zu hoch hängen, sind wir so gestresst und überfordert, dass wir entweder schnell wieder mit dieser Art der Ernährung aufhören oder aber gar nicht erst damit anfangen. Meiner Meinung nach geht es uns um die Relation. Natürlich sollst Du nicht ständig alles erwärmen. Aber ein Essen vom Vortag ist allemal besser als Fast Food. Daher ist in meiner Ayurveda-Küche Aufwärmen bzw. auch generell das Essen vom Vortag erlaubt. Ich gebe meinem Essen in der Regel eineinhalb Tage. Danach werfe ich es weg.

Das Neverending Meal-Prinzip bedeutet, dass Du von einigen Komponenten der Mahlzeit vorsätzlich zu viel kochst, um sie bei der nächsten Mahlzeit wieder oder weiterzuverwenden. Mittags gibt es vielleicht Ofengemüse mit Hummus. Dann gibst Du beim Abendessen zum Rest des Ofengemüses ein bisschen Kokosmilch, pürierst das Ganze, würzt etwas nach und hast eine leckere Suppe. Und am nächsten Tag machst Du zum Beispiel eine Gemüsepfanne mit Couscous und isst den Rest Hummus dazu. Den übrig gebliebenen Couscous gibst Du dann am nächsten Morgen in Dein Obstkompott und schon ist in Minutenschnelle Dein Frühstück fertig ...

Du siehst, dieses Prinzip sorgt nicht nur dafür, dass Menschen wie ich nicht das Leere-Topf-Syndrom (das Äquivalent zum Weißen-Blatt-Syndrom bei Autoren) bekommen, sondern auch, dass ich Zeit spare, weil ein Teil des Gerichts schon fertig ist. Vorschläge und Ideen dazu findest Du bei den Rezepten. Sie sind als Tipp gekennzeichnet.

BATCH TASKING UND MEAL PREP

Batch bedeutet so viel wie Stapel oder Bündel und Task bedeutet Aufgabe. Batch Tasking meint, dass Du Deine Aufgaben bündelst. Ich bereite zum Beispiel morgens, wenn ich unser Frühstück mache, gerne auch gleich unser Mittagessen mit vor. Viele der Teilnehmer unserer Kurse (neugierig? Schau auf Seite 163) nutzen den Nachmittag oder den Abend, um bereits die Mahlzeiten des nächsten Tages vorzubereiten: Haferflocken oder Linsen einweichen, Obst und Gemüse schneiden, in Vorratsbehälter füllen und in den Kühlschrank stellen oder eine Salatsauce in großer Menge zubereiten, sodass sie immer bereitsteht. Du siehst: Es geht grundsätzlich darum, unsere Arbeit in der Küche effizienter zu machen. Wenn Du die Rezepte liest, denke also wie im Straßenverkehr immer vorausschauend.

Einblick
IN MEINEN KÜCHENSCHRANK

Es gibt einige Lebensmittel, die ich eigentlich immer zu Hause habe. Ich kann nur empfehlen, Dir von den Dingen, die Dir schmecken, eine Art Grundstock anzulegen. Du musst natürlich nicht gleich alles besorgen, aber ein paar Dinge einfach dazuhaben, ist hilfreich. So ist es leichter für Dich, spontan ein Gericht zu zaubern.

Blättere durch das Buch und mach eine Liste von den Zutaten der Gerichte, die Du zuerst ausprobieren willst. Dann besorge alles in einem Schwung. Bei den meisten Rezepten kannst Du viele der Zutaten austauschen – ob es die Auswahl der Gewürze ist oder das Gemüse. Nimm das, was Du im Haus hast.

Hier findest Du alle Zutaten des Kochbuchs – abgesehen von frischen Zutaten wie Obst und Gemüse:

Getreide	Buchweizen (ganzes Korn und Mehl), Quinoa (ganzes Korn und Flocken), Reis (ganzes Korn und Flocken; ebenso Vollkornvariante), Milchreis, Haferflocken, Hirse (ganzes Korn), Couscous, Bulgur, Dinkelgrieß
Hülsenfrüchte	Mung Dal (gelbe halbierte Mungobohnen), Mungobohnen, rote Linsen, Kichererbsen (roh, aus dem Glas und als Mehl)
Samen und Nusskerne	Chiasamen, Sonnenblumen-, Kürbis-, Walnuss-, Cashewkerne, Mandeln, Nussmus (ungesalzenes Erdnuss-, Cashew-, Mandelmus)
Getrocknete Früchte	Rosinen, Datteln, Aprikosen, Pflaumen, Cranberrys
Gewürze (frisch, getrocknet oder gemahlen)	Zimt, Kurkuma, Ingwer, italienische Kräutermischung (wie Kräuter der Provence), Koriander, Kreuzkümmel, Majoran, Oregano, Thymian, Rosmarin, edelsüßes Paprikapulver, Cayennepfeffer, schwarzer Pfeffer, Salz, Chiliflocken, Kardamom, Asafoetida (**Tipp:** Das ist schlecht zu bekommen, aber ein Wundermittel für die sensible Verdauung. Bestelle es im Internet und verwende es sehr sparsam)
Milchprodukte	Feta, Ziegenkäse
Pflanzendrinks	Hafer-, Mandel-, Reis-, Sojadrink
Süßungsmittel	Agavendicksaft, Honig, Rohrohrzucker, Reissirup
Fette und Öle	Ghee, Kokos-, Oliven-, Rapsöl
Sonstiges	Tofu, Currypaste, Sojasauce, Kokosmilch (aus der Dose)

So nutzt Du die Rezepte

Die Gerichte sind alle so aufgebaut, dass Du lernst, wie Du Deine individuellen Verdauungsbeschwerden am besten ausgleichst. Wir haben zudem viele Tipps und Tricks integriert, die Dir die Arbeit erleichtern. Du erfährst, wie Du die Rezepte als Inspiration nutzen kannst, aber all die Zutaten verwendest, die Du zu Hause hast.

Wir wollen Deine Kreativität und Deine Lust am Kochen in Dir wecken. Deshalb gibt es auch verschiedene Varianten, Tipps zur Zubereitung, Gesundheitstipps ebenso wie Infos zu den Saisons. Was gibt es außerdem noch zu beachten und wie sind die Rezepte aufgebaut? Hier siehst Du am Rezeptbeispiel „Milchreis mit Pfirsich", was wir uns dazu überlegt haben.

Milchreis mit Pfirsich

Milchreis ist eines der Lieblingsessen meiner Kinder. Er ist leicht verdaulich und schnell gemacht. Du brauchst ihn nicht mehr wie meine Oma in ein Handtuch gewickelt stundenlang unter der Bettdecke ziehen zu lassen. Mit diesen Varianten gelingt er garantiert und geht schnell von der Hand.

Hier findest Du Wissenswertes zu den Nahrungsmitteln und zur Zubereitung.

Jedes Rezept besteht aus 4 einfachen Schritten. Die Zutaten sind für jeden Schritt unterteilt.

FÜR 2 PERSONEN

½ Tasse Milchreis
2 Tassen Mandeldrink
¼ TL Kardamom
½ TL Zimt
1 Msp. Vanille

1 TL Kokosöl
1 Pfirsich (gewaschen, entkernt und klein geschnitten)

1 EL Kokosflocken

Agavendicksaft nach Belieben

ZUBEREITUNG IN 4 SCHRITTEN

1. In einem Topf Milchreis mit dem Mandeldrink und den Gewürzen aufkochen. Dann bei mittlerer Hitze etwa 20 Minuten garen, bis die Flüssigkeit verkocht ist. Dabei immer wieder umrühren, damit nichts anbrennt.
2. In einer Pfanne das Kokosöl erhitzen und darin den Pfirsich andünsten.
3. Dann die Kokosflocken dazugeben und kurz mitdünsten.
4. Den Milchreis auf Schalen verteilen, nach Belieben mit Agavendicksaft süßen. Die Pfirsichstücke daraufgeben und servieren.

Lust auf etwas Abwechslung? Hier findest Du leckere und saisonale Alternativen.

VARIATION

Den Milchreis kannst Du auch mit Reisflocken zubereiten. Das ist ganz einfach und dauert nur etwa 15 Minuten. Nimm dafür 1 Tasse Reisflocken, koche sie in 2 ½ Tassen Mandeldrink auf, lass sie 5 Minuten bei schwacher Hitze köcheln und danach bei ausgeschaltetem Herd quellen, bis die Flüssigkeit verkocht ist.

Den Pfirsich kannst Du auch durch anderes Obst wie Blaubeeren, Aprikosen oder eben die Sorte, die gerade Saison hat, ersetzen. Probier's mal aus!

Optimal, wenn Du zu Hitze neigst, sowie an warmen Tagen, weil der Reis durch das Kokos leicht kühlend wirkt.

Ersetze die Hälfte des Mandeldrinks durch Wasser, um das Gericht leichter verdaulich zu machen.

56 FRÜHSTÜCK

Die Verdauungstipps geben an, wie Du das Gericht an Deinen Verdauungszustand anpassen kannst, damit es Dich ins Gleichgewicht bringt. Wenn dort nichts zu Deinem Typ steht, ist das Gericht optimal für Dich.

Der Neverending Meal Tip erläutert Dir, was Du schon für die nächste Mahlzeit mitkochen könntest.

Neverending Meal Tip

Nimm übrig gebliebenen Reis von gestern, gib ihn in den Topf und füge so viel Mandeldrink (oder eine andere Sorte Deiner Wahl) hinzu, bis der Reis bedeckt ist. Lass das Ganze bis zu der Konsistenz garen, die Du magst.

steht für sensible Verdauung

steht für heiße Verdauung

steht für träge Verdauung

AYURVEDA: KLASSIKER & BASICS

Ayurveda: Grundlagen

Neben all den einfachen und leckeren Rezepten, die Du in den anderen Kapiteln findest, gibt es hier zusätzlich Grundlagenrezepte für ein tolles Frühstück oder ein leckeres Hauptgericht. Diese Grundlagen sind die ultimative Anleitung zum intuitiven Kochen und bringen viel Spaß in Deine Küche.

Wir verraten Dir, wie ein Gericht grundsätzlich funktioniert, wie die Zubereitung gelingt und welche Kräuter und Gewürze optimal sind, damit es auch lecker schmeckt. Allerdings geben wir Dir die Freiheit, zum Beispiel das Gemüse, Obst oder Getreide Deiner Wahl zu nehmen und so möglichst viel Abwechslung in Dein Essen zu bringen.

In diesem Buchteil findest Du Rezepte, auf die Du immer wieder zurückkommen kannst. Oder die Du nutzen kannst, wenn Du, von Deiner Kreativität verlassen, stumpf vor Deinem Kühlschrank stehst und nicht weißt, was Du machen sollst. Dann wählst Du, ohne noch irgendetwas einkaufen zu müssen, ein Grundrezept aus und verarbeitest die Lebensmittel zusätzlich, die Du ohnehin schon zu Hause hast. Fertig ist eine köstliche ayurvedische Mahlzeit ohne viel Aufwand.

BASICREZEPTE

Natürlich dürfen auch die ayurvedischen Klassiker nicht fehlen. Ghee zum Beispiel, die geklärte ayurvedische Butter. Sie ist bei mir ein Grundnahrungsmittel, das jeden Tag zum Einsatz kommt: Ob zum Braten, über meinem Dal oder sogar zur Hautpflege – ich liebe sie einfach!

Aber auch für die Goldene Milch, die mittlerweile der Star in fast jeder Frauenzeitschrift ist, haben wir eine leckere Variante entwickelt. Sie erfreut sich nicht ohne Grund so großer Beliebtheit, denn sie ist ein echtes Wundermittel. In diesem Kapitel findest Du außerdem einige schöne Varianten für Tee- und Wasserzubereitungen.

Tausendsassa Ghee

Du kannst Ghee wunderbar zum Kochen, Braten oder Backen verwenden, da es auch bei großer Hitze nicht an Qualität verliert. Zudem wird es zur Körperpflege und zu therapeutischen Zwecken eingesetzt. Durch seine Fähigkeit, tief ins Gewebe vorzudringen, wird es einerseits für seine Fähigkeit geschätzt, Vitamine und Mineralstoffe dorthin zu bringen, wo der Körper sie braucht. Ghee wird jedoch andererseits auch zur Entgiftung in ayurvedischen Reinigungskuren genutzt, um Schlacken aus dem ganzen Körper zu lösen und abzutransportieren.

FÜR 1 EINMACHGLAS (ca. 500 ml)

500 g Butter (ungesalzen)

Sieb,
Passier- oder Küchentuch,
Einmachglas

ZUBEREITUNG IN 4 SCHRITTEN

1. Die Butter im Topf offen bei schwacher Hitze langsam schmelzen lassen, dabei gelegentlich umrühren.

2. Die Butter zum Kochen bringen, bis sie schäumt. Dann offen bei schwacher Hitze köcheln lassen. Jetzt nicht mehr umrühren.

3. Den weißen Schaum mit dem Sieb oder dem Schaumlöffel abschöpfen. Das Ghee ist fertig, wenn es goldgelb und so klar ist, dass Du den Topfboden sehen kannst, auf dem sich eine leicht bräunliche Schicht absetzt. Das dauert bei der Menge etwa 15 bis 20 Minuten.

4. Zum Schluss das Ghee langsam durch das mit dem Tuch ausgelegte Sieb in das verschließbare, sterilisierte Einmachglas gießen. Achtung: Schließe den Deckel erst, wenn das Ghee vollständig abgekühlt ist. Es ist bei Raumtemperatur etwa ½ Jahr haltbar.

VARIATION

Du kannst Ghee auch direkt in einer großen Menge vorproduzieren. Ich nehme gerne gleich 10 bis 15 Packungen Butter. Starte damit aber erst, wenn Du ein bisschen Erfahrung mit der Herstellung hast.

Nutze Ghee großzügig beim Kochen und zum Verfeinern, denn es wirkt Trockenheit entgegen. Nimm zum Beispiel ein paar Löffel und träufele es zusätzlich übers Essen.

Für Dich gilt, Fette grundsätzlich eher sparsam zu Dir zu nehmen.

Mein Tipp

Das Passier- oder Küchentuch kannst Du nach der Verwendung per Hand mit etwas Spülmittel und heißem Wasser ausspülen und danach bei 60 °C in der Waschmaschine waschen. Oder Du verwendest Einmal-Passiertücher, die Du nach Gebrauch wegwirfst.

Goldene Milch

Goldene Milch ist ein kleines Wundermittel und daher in aller Munde. Am Abend getrunken, bringt sie tiefen und erholsamen Schlaf. Außerdem wirkt die große Menge an Kurkuma generell entzündungshemmend. Sei aber vorsichtig mit dem Gewürz, es färbt stark, vor allem wenn Du nicht das Pulver, sondern die Wurzel nutzt. Ich empfehle dann Küchenhandschuhe.

FÜR 1 PERSON

1 Tasse Milch oder Pflanzendrink
1 TL Kurkuma
1 Msp. Zimt
1 Prise schwarzer Pfeffer
1 TL Kokosöl oder Ghee

Agavendicksaft oder Honig nach Belieben

ZUBEREITUNG IN 4 SCHRITTEN

1. In einen Topf Milch oder Drink, Gewürze und Kokosöl oder Ghee geben und erhitzen.
2. Alles aufkochen, umrühren und köcheln lassen, bis sich die Zutaten gut vermischt haben.
3. Die Goldene Milch wieder in die Tasse geben.
4. Auf Trinktemperatur abkühlen lassen, nach Belieben mit Agavendicksaft oder Honig süßen und genießen.

VARIATION

Füge weitere Gewürze wie Kardamom, Ingwer oder Vanille hinzu. Du kannst statt Kurkumapulver auch 2 kleine Stückchen Kurkumawurzel (bio) verwenden. Wasche sie gründlich und gib sie mit Schale und allen weiteren Zutaten in einen Mixer. Koche dann die Milch in einem Topf auf.

Für Dich ist die Milch ideal. Sie beruhigt Dein Nervensystem und gibt Deinem Körper Substanz. Für den Extra-Genuss gib alle Zutaten mit einer getrockneten oder einer frischen Dattel (z.B. Medjoul) zunächst in den Mixer. Koche dann die Milch in einem Topf auf.

Achte darauf, dass die Milch Dich nicht schwer und träge macht. Greife daher eher zu einem Pflanzendrink als zu Kuhmilch und mische ihn zur Hälfte mit Wasser. Reduziere das Fett, nimm Ingwer dazu und süße mit Honig. Dann ist die Milch super für Dich. Und vielleicht magst Du sie sogar als Ersatz für Dein Abendessen zu Dir nehmen.

Wasser- und Teevarianten

Wie Du aus dem Textteil (siehe Seite 13) schon weißt, trinken wir Ayurvedis eher wenig zum Essen, da die Flüssigkeit die Verdauungssäfte verdünnt. Je größer die Menge, desto doller. Ist das Getränk zusätzlich kalt oder sogar eisgekühlt, behindert es das Verdauungsfeuer umso mehr. Natürlich ist Trinken grundsätzlich wichtig – in kleinen Mengen, idealerweise warm oder heiß, ist es auch während der Mahlzeiten okay. Wie bei Speisen kannst Du auch Getränke dafür nutzen, um Deine Verdauung entweder anzuheizen oder auszugleichen.

GETRÄNKETIPP: ALLE VERDAUUNGSTYPEN

Heißes Wasser: Wasser im Wasserkocher zum Kochen bringen und in eine Thermoskanne füllen. Heißes Wasser wirkt entschlackend.

Abgekochtes Wasser: Wasser 10 Minuten in einem Topf köcheln lassen. Fülle es dann entweder in eine Thermoskanne und trinke es heiß. Oder lass es etwas abkühlen, um es lauwarm zu trinken. Das Abkochen sorgt laut Ayurveda dafür, dass das Wasser gereinigt und mit Energie angereichert wird und so tiefer in die Zellen eindringen kann. Das erhöht den Reinigungseffekt auf den Körper.

Trinke das Wasser möglichst heiß, da es dann zusätzlich eine verdauungsfördernde Wirkung hat.

Lass das Wasser lieber etwas abkühlen und trinke es lauwarm.

VARIATION

Für mehr geschmackliche Abwechslung und eine ausgleichende Wirkung auf unsere Verdauung findest Du hier noch ein paar andere Varianten.

Diese Getränke heizen zusätzlich das Verdauungsfeuer an und sorgen so dafür, dass Dein Stoffwechsel runder läuft:
Ingwer-, Zitronenwasser: einige Ingwer- und/oder Zitronenscheiben mit kochendem Wasser überbrühen.

Diese Getränke sorgen dafür, dass Deine Verdauung nicht zu heiß wird bzw. sorgen für Kühlung auch an heißen Tagen:
Minzwasser: einen oder mehrere Stiele frische Minze mit kochendem Wasser überbrühen, abkühlen lassen und lauwarm trinken.
Koriandertee: 1 TL Koriandersamen mit ½ l kochendem Wasser überbrühen und lauwarm trinken.

Zusatztipp für gekaufte Tees

Tees kaufen geht natürlich auch – achte aber vor allem bei sensibler und heißer Verdauung darauf, nicht literweise Tees mit getrocknetem Ingwer zu trinken. Auf die sensiblen Verdauungstypen wirkt das zu austrocknend und auf die heißen weiter verstärkend.

Easy Apfelkompott

Apfelkompott ist perfekt als Frühstück im Herbst und Winter – vor allem, wenn Du keinen großen Hunger hast, weil Du zum Beispiel am Tag zuvor spät gegessen hast. Dann heizt dieses Frühstück Deiner Verdauung ein, sodass sie wieder in Gang kommt. Es passt auch super zu Deinem Getreidebrei am Morgen (ab Seite 58).

FÜR 2 PERSONEN

3 Äpfel

1 TL frischer Ingwer (geschält und gehackt)
3 getrocknete Datteln (klein geschnitten)
1 EL Rosinen
1–2 TL Zimt
¼ TL Kardamom

Zitronensaft
Salz
Reissirup oder Agavendicksaft nach Belieben

ZUBEREITUNG IN 4 SCHRITTEN

1. Die Äpfel waschen, halbieren, das Kerngehäuse entfernen und in Stücke schneiden.
2. Ingwer, Datteln, Rosinen, Zimt und Kardamom mit den Äpfeln sowie etwas Wasser in einen Topf geben und aufkochen.
3. Bei schwacher Hitze mit geschlossenem Deckel etwa 10 Minuten köcheln lassen, bis die Äpfel weich sind. Zwischendurch nach Belieben etwas Wasser zugeben.
4. Mit 1 Spritzer Zitronensaft und 1 Prise Salz abschmecken. Nach Belieben mit Reissirup oder Agavendicksaft süßen.

VARIATION

Probiere das Kompott auch mal mit anderem Obst aus. Du kannst als Flüssigkeit statt Wasser auch Saft nehmen. Variiere je nach Obstsorte auch die Gewürze.

Gerade im Herbst und Winter kann es Dir am Nachmittag manchmal sehr schwerfallen, auf Snacks zu verzichten. Dann kannst Du zu diesem Kompott greifen.

Neverending Meal Tip

Mach eine große Portion, dann hast Du für die nächsten Tage noch etwas für Deinen Frühstücksbrei. Wenn ich ein bis zwei Nächte im Hotel bin, nehme ich gerne etwas fertiges Kompott mit. Ich gieße die Haferflocken, die es auf jedem Frühstücksbüfett gibt, mit heißem Wasser cuf und lasse sie quellen. Dann gebe ich etwas von meinem Kompott darüber.

Easy Porridge
DER KLASSIKER

Hafer ist ein schweres Getreide, es galt ja auch als Pferdefutter. Deshalb ist es geschickt, Hafer mit ein paar Gewürzen leichter verdaulich zu machen. Er ist ideal für die Herbst- und Winterzeit. Dann können wir mehr Substanz verdauen und davon profitieren, dass er uns erdet. Eine Variante von diesem Hafer-Porridge findest Du auf Seite 76 – Opas Haferbrei reloaded.

FÜR 2–3 PERSONEN

1 Tasse Haferflocken (Feinblatt)
3–4 Tassen Milch oder Pflanzendrink
1 TL Zimt
½ TL Kardamom
1 TL frischer Ingwer (geschält und gehackt) oder ½ TL gemahlener Ingwer
1 Handvoll Rosinen

Zitronensaft · Salz

2–3 TL Ghee oder Kokosöl
Agavendicksaft nach Belieben

ZUBEREITUNG IN 4 SCHRITTEN

1. Die Haferflocken mit 3 bis 4 Tassen Wasser, Milch oder Pflanzendrink, Gewürzen sowie Rosinen aufkochen und ein paar Minuten bei schwacher Hitze köcheln lassen.

2. Den Herd ausschalten und das Porridge ziehen lassen, bis die Haferflocken die Flüssigkeit aufgenommen haben.

3. Mit 1 Spritzer Zitrone und 1 Prise Salz abschmecken.

4. Ghee oder Kokosöl dazugeben, das Porridge nach Belieben mit Agavendicksaft süßen und gut verrühren.

VARIATION

Du kannst dieses klassische Rezept auch mit anderen Getreidesorten zubereiten: Hirse, Quinoa und Reisflocken im Verhältnis 1 : 4 mit Flüssigkeit garen, Quinoaflocken und Couscous im Verhältnis 1 : 2 mit Flüssigkeit kochen.

Beachte: Quinoagetreide braucht mit 15 Minuten etwas länger als die anderen Sorten, die schon nach maximal 10 Minuten fertig sind.

Nimm am besten Wasser, das macht das Gericht noch leichter, und füge die Rosinen erst zum Schluss dazu. Das hilft Deinem Körper dabei, den Feuchtigkeitshaushalt im Gleichgewicht zu halten.

Kleine Gewürzkunde

Kräuter und Gewürze machen unser Essen nicht nur leckerer, sondern sind die geheimen Helfer für unsere Verdauung. Sie sorgen grundsätzlich für bessere Verdaulichkeit der Lebensmittel und helfen uns so, auch schwere Mahlzeiten zu verstoffwechseln. Wir können durch sie die speziellen Eigenschaften unseres Verdauungstyps ausgleichen.

Wie immer gibt es auch hier keine Verbote. Wir empfehlen Dir an dieser Stelle das Gleiche wie unseren Kursteilnehmern: Geh am besten intuitiv an das Thema Gewürze heran. Wichtig ist, dass es Dir schmeckt! Nutze einfach die Gewürze, die Dir guttun, öfter und reduziere die anderen etwas. Beobachte, wie es Dir dabei geht.

Wir vermeiden bewusst lange Listen mit den Wirkungsweisen der Kräuter und Gewürze, um es nicht so kompliziert zu machen. Stattdessen findest Du hier Universalgewürzmischungen, die zu uns allen passen. Sie eignen sich für herzhafte und süße Gerichte. Außerdem haben wir die wichtigsten Infos für jeden Verdauungstyp samt individueller Gewürzmischung zusammengestellt. Diese kleinen Wunderwaffen kannst Du ganz leicht selbst mischen und individuell über Dein Essen geben. Super sind sie auch für unterwegs oder in der Kantine. Dann hast Du Deine Verdauungshilfe immer dabei – Ayurveda to go, sozusagen.

SENSIBLER VERDAUUNGSTYP

Wenn Du der **sensible Verdauungstyp** bist, sind alle Gewürze von Vorteil. Es tut Dir gut, die Speisen ordentlich zu würzen. Insbesondere sind wärmende, verdauungsfördernde, blähungstreibende und appetitanregende Gewürze optimal.

Deine Favoriten sind Ingwer, Zimt, Kreuzkümmel, Koriander, Asafoetida.

Gehe zurückhaltend mit sehr scharfem Essen und stark getrocknetem Ingwer um, weil dieser austrocknet, vor allem als Tee.

Wundermischung sensible Verdauung:
2 Teile Kreuzkümmel
2 Teile Koriander
2 Teile Kurkuma
1 Teil Ingwer

HEISSER VERDAUUNGSTYP

Wenn Du der **heiße Verdauungstyp** bist, ist es sinnvoll, die Speisen nicht zu stark und zu scharf zu würzen. So wird Deine Verdauung noch heißer und schneller. Um das auszugleichen, ist es eher sinnvoll, kühlende Gewürze zu verwenden.

Deine Favoriten sind Korianderkörner, Kardamom, Fenchel, Vanille, Minze, Koriandergrün und fast alle anderen Kräuter.

Gehe zurückhaltend mit Chili, Asafoetida und getrocknetem Ingwer um.

Wundermischung heiße Verdauung:

1 Teil Kreuzkümmel
1 Teil Koriander
1 Teil Kurkuma
1 Teil Fenchel

TRÄGER VERDAUUNGSTYP

Wenn Du der **träge Verdauungstyp** bist, sind alle Gewürze von Vorteil. Dir tut es gut, die Speisen ordentlich zu würzen. Insbesondere die scharfen Gewürze sind für Dich sinnvoll, um Deine Verdauung in Schwung zu bringen und zu beschleunigen.

Deine Favoriten sind Chili, Cayennepfeffer, Ajwain, Gewürznelken und Anis, aber auch alle Kräuter.

Gehe zurückhaltend mit allem um, was süß ist.

Wundermischung träge Verdauung:

2 Teile Kreuzkümmel
2 Teile Koriander
2 Teile Kurkuma
2 Teile Ingwer
1 Teil schwarzer Pfeffer

Getreide kochen

Entgegen dem Trend, Kohlenhydrate zu verteufeln, liebe ich Getreide sehr, vor allem als Frühstücksbrei. Meine ganze Familie und ich sind außerdem große Fans von Basmatireis. Dieser ist übrigens für alle Verdauungstypen geeignet, da er sehr leicht zu verdauen ist.

Getreide	für 2 Personen	Wassermenge	Garzeit
Basmatireis	1 Tasse	2 Tassen	ca. 15 Minuten
Vollkornbasmatireis	1 Tasse	2 Tassen	ca. 30 Minuten
Hirse	1 Tasse	2 Tassen	ca. 15 Minuten
Buchweizen	½ Tasse	1 Tasse	ca. 15 Minuten
Quinoa	1 Tasse	2 Tassen	20 bis 25 Minuten, Restflüssigkeit nach dem Kochen abgießen und Quinoa etwas ruhen lassen
Bulgur	1 Tasse	2 Tassen	5 bis 10 Minuten, Bulgur 5 Minuten köcheln, danach quellen lassen
Couscous	1 Tasse	2 Tassen	5 bis 10 Minuten

ZUBEREITUNG IN 4 SCHRITTEN

1. Das Getreide in einem Sieb unter fließendem Wasser abbrausen (Couscous und Bulgur müssen nicht gewaschen werden).
2. In einem Topf 2 Tassen Wasser mit 1 kräftigen Prise Salz zum Kochen bringen und das Getreide hinzufügen.
3. Das Getreide aufkochen lassen.
4. Das Getreide bei schwacher Hitze zugedeckt köcheln lassen, bis es die Flüssigkeit aufgenommen hat (Garzeit siehe oben). Dabei nicht umrühren. **Variante für Bulgur und Couscous:** den Herd ausschalten und das Getreide quellen lassen.

Nimm überwiegend süßes und schweres Getreide zu Dir wie Couscous, Bulgur und Hafer. Es erdet, gibt Substanz und sorgt dafür, dass Deine Verdauung nicht zu trocken wird.

Nimm überwiegend süßes, kühlendes Getreide zu Dir wie Quinoa, Couscous, Bulgur und Hafer. Es sorgt dafür, dass Deine Verdauung nicht zu schnell und zu heiß wird.

Iss Getreide generell in Maßen und bevorzuge trockene, leichte und wärmende Sorten wie Hirse und Buchweizen. Es hilft, überschüssiges Wasser aus dem Körper zu bringen, und bringt den Stoffwechsel in Schwung.

Hülsenfrüchte kochen

Hülsenfrüchte sind das Eiweißgeheimnis der vegetarischen Ernährung. Sie sind nicht nur voller Proteine und sättigen super, sie sind auch zusammenziehend und in der Kombination mit ein paar Gewürzen gut geeignet, um Deine Verdauung in Schwung zu bringen oder um abzunehmen.

Hülsenfrucht	Einweichzeit	für 2 Personen	Wassermenge	Garzeit
ganze Mungobohnen	mind. 4 Stunden oder über Nacht	½ Tasse	5 Tassen	ca. 30 Minuten
Mung Dal	mind. 1 Stunde oder über Nacht	¾ Tasse	2 Tassen	ca. 15 Minuten
rote Linsen	keine	½ Tasse	1 Tasse	10 bis 15 Minuten

ZUBEREITUNG IN 4 SCHRITTEN

1. Die Hülsenfrüchte über Nacht in kaltem Wasser einweichen.
2. Oben schwimmende Hülsenfrüchte nach dem Einweichen aussortieren. Die anderen in ein Sieb abgießen und abbrausen.
3. Die Hülsenfrüchte in einem Topf Wasser aufkochen und bei schwacher Hitze mit geschlossenem Deckel garen. Zwischendurch die Konsistenz überprüfen.
4. Nach dem Kochen überschüssiges Wasser abgießen und die Hülsenfrüchte salzen.

VARIATION

Koche die Hülsenfrüchte zusammen mit Getreide in einem Topf, zum Beispiel mit Reis oder Quinoa, dann hast Du schon zwei Teile Deiner Mahlzeit fertig und musst Dich nur noch um das Gemüse kümmern. Oder koche sie direkt mit Gewürzen wie Kreuzkümmel, Koriander und Asafoetida.

Tipp

Hülsenfrüchte kannst Du prima in größeren Mengen kochen und dann am nächsten Tag für ein anderes Rezept verwenden.

Weiche die roten Linsen vor dem Kochen ein, dann sind sie für Dich leichter verdaulich.

Rote Linsen haben wärmende Eigenschaften, iss sie zusammen mit kühlenden Lebensmitteln wie Kokosmilch und/oder grünem Gemüse, um Deine Verdauung nicht zu überhitzen.

Gemüsebrühe auf Vorrat
SCHNELLE BRÜHENPASTE

Gemüsebrühe verleiht einem Gericht oft eine abgerundete Note, ich bin aber überhaupt kein Fan von Fertig-Gemüsebrühen. Daher hier die Lösung: Diese Gemüsebrühe ist schnell gemacht und enthält keine unnötigen Zutaten. Sie ist gut für Suppen geeignet, verleiht aber auch Gemüsegerichten Pep.

FÜR 1 EINMACHGLAS (ca. 500 ml)

1 Bund Suppengemüse (500 g)

100 g Salz

ZUBEREITUNG IN 4 SCHRITTEN

1. Das Suppengemüse waschen oder schälen und grob würfeln.
2. Das Salz mit dem Gemüse in den Mixer geben.
3. Die Gemüsestücke so lange pürieren, bis eine Paste entstanden ist. Dabei zwischendurch mit einem Spatel wieder nach unten schieben. Nach Belieben dürfen noch kleine Stücke enthalten sein.
4. Die Paste in das sterilisierte Einmachglas füllen und im Kühlschrank aufbewahren.

VARIATION

Nimm das Gemüse Deiner Wahl. Wenn Du es gerne ein bisschen schärfer magst, kannst Du Ingwer zugeben oder auch Chili. Lass Deiner Kreativität freien Lauf.

Tipp

Du kannst die Gemüsepaste wie getrocknete Gemüsebrühe verwenden. Auf 250 ml Wasser nimmst Du 1 TL Brühenpaste. Die Brühe hält sich im Kühlschrank etwa 4 Monate.

Easy Gemüsesuppe

Suppen sind für unseren Körper gigantisch leicht zu verdauen. Daher lieben wir sie im Ayurveda vor allem am Abend. Der Körper wird so gut genährt, ohne viel Verdauungskraft zu investieren. Neben den leckeren Varianten ab Seite 112 ist diese Suppe eine Art Suppen-Template, das Du nach Belieben mit Deinem Lieblingsgemüse variieren kannst.

FÜR 4 PERSONEN
als Vorspeise
FÜR 2 PERSONEN
als Hauptgericht

1–2 EL Ghee oder Öl
500 g Lieblingsgemüse (gewaschen, ggf. geschält und klein geschnitten)
1 TL frischer Ingwer (geschält und gehackt)
½ Zwiebel (geschält und gehackt)
1–2 Kartoffeln (geschält und klein geschnitten) nach Belieben

1 TL Kreuzkümmel
1 TL Koriander
1 TL Kurkuma

1 Tasse Kokosmilch
Salz · schwarzer Pfeffer

ZUBEREITUNG IN 4 SCHRITTEN

1. Ghee oder Öl in einem großen Topf erhitzen und darin Gemüse, Ingwer und Zwiebel andünsten. Nach Belieben die Kartoffeln für eine bessere Bindung hinzufügen.

2. Die Gewürze dazugeben, alles gut verrühren und kurz garen lassen.

3. Kokosmilch und 3 Tassen Wasser hinzufügen und alles aufkochen. Die Suppe je nach verwendeten Gemüsesorten bei schwacher Hitze etwa 20 bis 30 Minuten köcheln lassen.

4. Falls nötig, etwas Flüssigkeit zugeben und mit Salz und Pfeffer abschmecken. Und wenn Du es glatt magst, die Suppe dann mit dem Stabmixer oder im Mixer pürieren.

VARIATION

Anstelle der Gewürze und des Wassers kannst Du auch 3 Tassen Gemüsebrühe (ohne Geschmacksverstärker) verwenden. Für einen fruchtigeren Geschmack kannst Du einen Teil der Flüssigkeit auch durch Saft ersetzen (z.B. Apfelsaft). Wenn Du die Suppe leichter machen möchtest, ersetze die Kokosmilch durch Wasser oder Brühe. Brauchst Du mehr Substanz, gib etwas Reis, Getreide oder Linsen dazu.

Iss irgendetwas dazu, was knackt – dann macht Dich auch eine Suppe glücklich. Mehr dazu bei den Toppings auf Seite 103.

Lagostina

Easy Eintopf

Beim Eintopf kommt, wie der Name schon sagt, alles in einen Topf! Du kannst nach Lust und Laune zu Deinem Gemüseeintopf auch ein Getreide Deiner Wahl oder Hülsenfrüchte wie Linsen hinzugeben. Im Ayurveda sagen wir, dass Essen leichter zu verdauen ist, wenn es sich im Topf schon mal kennenlernen konnte. Daher sind Eintöpfe ideal als Abendessen.

FÜR 4 PERSONEN

2 EL Ghee
750 g Lieblingsgemüse (gewaschen, ggf. geschält und klein geschnitten)

2 TL getrocknete Kräuter (z.B. italienische Kräutermischung)
4 TL Brühenpaste (s. S. 44) oder -pulver

Salz · schwarzer Pfeffer

ZUBEREITUNG IN 4 SCHRITTEN

1. Das Ghee in einem großen Topf erhitzen und darin das Gemüse andünsten.
2. Die Kräuter und die Brühenpaste dazugeben und mit 5 Tassen Wasser aufgießen.
3. Die Suppe je nach verwendeten Gemüsesorten bei schwacher Hitze etwa 20 bis 30 Minuten köcheln lassen.
4. Die Suppe mit Salz und Pfeffer abschmecken.

VARIATION

Lecker im Eintopf sind zum Beispiel folgende Kombinationen:

- Steckrübe mit Kartoffel und Möhre
- Grüne Bohnen mit Birne und Kartoffel oder Reis
- Zucchini, Aubergine, Tomate und Mung Dal mit etwas Kokosmilch mag ich auch sehr gerne.
- Im Prinzip kannst Du alles reingeben, was Du gerne magst. Probiere nach Belieben auch andere Gewürze, zum Beispiel Ingwer, Kreuzkümmel, Chili oder auch Curry. Lass Deiner Kreativität freien Lauf!

Easy Ofengemüse

Ofengemüse ist der Klassiker in meiner Küche, weil man es super vorbereiten kann und weil sich unglaublich viele Gemüsesorten dafür eignen. Einige unserer Kursteilnehmer schneiden schon am Vortag das Gemüse und bewahren es im Kühlschrank auf. So braucht man nur noch Öl, Kräuter und Gewürze dazugeben – fertig.

FÜR 4 PERSONEN
als Beilage
FÜR 2 PERSONEN
als Hauptgericht

800 g Lieblingsgemüse

2–3 EL Öl
1–2 TL getrocknete Gewürze (z. B. Rosmarin, italienische Kräuter oder eine Mischung aus Deinen Lieblingsgewürzen)
Salz

ZUBEREITUNG IN 4 SCHRITTEN

1. Das Gemüse putzen, ggf. schälen oder waschen und in mundgerechte Stücke schneiden.
2. Das klein geschnittene Gemüse auf ein Backblech mit Backpapier geben und mit den Händen gut mit dem Öl, den Kräutern und Salz vermischen.
3. Im Backofen bei 180 bis 200 °C Ober-/Unterhitze oder 160 °C Umluft 15 bis 20 Minuten garen, bis das Gemüse weich ist.
4. Das Gemüse aus dem Ofen nehmen und ggf. mit einem Extra (s. S. 146 bis 151) servieren.

VARIATION

Wenn Kinder mitessen oder jemand nicht alle Gemüsesorten mag, teile Dein Blech in verschiedene Bereiche für unterschiedliche Gemüsesorten auf. So kannst Du auch nach Geschmack verschiedene Gewürze für die jeweiligen Gemüsesorten verwenden.

Kurz vor Ende der Garzeit kannst Du auch etwas Tofu oder Schafskäse hinzufügen. Zum Servieren für den Extra-Crunch Samen oder Nusskerne auf das Gemüse geben.

Für den sensiblen Verdauungstyp eignen sich erdende, süße Gemüsesorten wie Kürbis, Süßkartoffel und Rote Bete gut.

Für den heißen Verdauungstyp sind erdende Gemüse wie Kürbis und grüne Gemüse wie Brokkoli und Zucchini optimal.

Den trägen Verdauungstyp unterstützen bittere und trockene Gemüse wie grüner Spargel, Brokkoli oder Blumenkohl.

Neverending Meal Tip

Bereite gleich eine sehr große Portion Ofengemüse zu. Dann kannst Du es abends mit heißem Wasser aufgießen, pürieren und nach Lust und Laune nachwürzen. Fertig ist eine leckere Suppe. Oder Du gibst am nächsten Tag noch eine Handvoll Bittersalat wie Rauke, Radicchio oder Chicoré auf das Ofengemüse und das leckere Dressing von Seite 130 (Brokkoli-Avocado-Salat) – und hast einen köstlichen gekochten Salat.

FRÜHSTÜCK

Das Feuer anheizen

Das Frühstück ist aus ayurvedischer Sicht dazu da, das Verdauungsfeuer zu entfachen. Das bedeutet, dass wir etwas zu uns nehmen sollten, das unsere Verdauung nicht belastet und uns gleichzeitig einheizt. Hier erfährst Du, worauf Du bei der wichtigsten Mahlzeit des Tages achten solltest.

Es gibt leider ein paar Klassiker, die viele von uns regelmäßig frühstücken, die jedoch keine geeignete Mahlzeit darstellen. Gute Beispiele hierfür sind Joghurt oder Milch mit Müsli und Obst, aber auch ein Käse- oder Wurstbrot oder, wie aktuell sehr modern, ein grüner Smoothie. Alle drei Beispiele sind für unser System eher schwer zu verdauen und daher am Morgen nicht optimal.

Klassiker im Ayurveda sind dagegen die Getreidebreie. Ich liebe sie sehr und auch für viele unserer Kursteilnehmer sind sie nach kurzer Zeit nicht mehr wegzudenken – sie starten so mit einem ganz anderen Körpergefühl und viel mehr Energie in den Tag. Wir haben einige supereinfache sowie leckere Brei-Rezepte für Dich zusammengestellt.

GIVE IT A TRY!

Natürlich gibt es auch diejenigen, die es gerne deftig mögen und vor allem nach einer befriedigenden Alternative zur Brotzeit suchen. Auch dafür haben wir gesorgt. Du findest bei uns nicht nur herzhafte Breie und köstliche Pfannkuchen, sondern auch ein sehr leckeres und einfaches Brot, das Deine Verdauung nicht belastet.

Da Brot für sich schon verhältnismäßig schwer zu verdauen ist, wird im Ayurveda empfohlen, es mit leichter Kost zu kombinieren. Dazu zählen Käse und Wurst leider nicht. Optimale Brotaufstriche sind Marmelade und Honig oder vegetarische Brotaufstriche aus dem Bioladen. Neben dem klassischen Butterbrot mag ich Avocado, Tomaten, grüne Kräuter, Salate, Sprossen und Senf als Belag sehr gern.

Je stärker Deine Verdauung ist, desto mehr Substanz kann Dein Frühstück vertragen. Je träger oder sensibler hingegen, desto leichter und anheizender sollte es sein. Wichtig ist mir dabei immer – nicht komisch werden. Du musst nicht ab sofort jeden Tag ayurvedisch frühstücken. Du kannst Dir auch ganz klassisch mal ein Brötchen mit Käse gönnen. Aber Dein Körper wird es Dir danken, wenn er morgens öfter mal die Möglichkeit bekommt, sein Feuer vernünftig anzuzünden.

Milchreis mit Pfirsich

Milchreis ist eines der Lieblingsessen meiner Kinder. Er ist leicht verdaulich und schnell gemacht. Du brauchst ihn nicht mehr wie meine Oma in ein Handtuch gewickelt stundenlang unter der Bettdecke ziehen zu lassen. Mit diesen Varianten gelingt er garantiert und geht schnell von der Hand.

FÜR 2 PERSONEN

½ Tasse Milchreis
2 Tassen Mandeldrink
¼ TL Kardamom
½ TL Zimt
1 Msp. Vanille

1 TL Kokosöl
1 Pfirsich (gewaschen, entkernt und klein geschnitten)

1 EL Kokosflocken

Agavendicksaft nach Belieben

ZUBEREITUNG IN 4 SCHRITTEN

1. In einem Topf Milchreis mit dem Mandeldrink und den Gewürzen aufkochen. Dann bei mittlerer Hitze etwa 20 Minuten garen, bis die Flüssigkeit verkocht ist. Dabei immer wieder umrühren, damit nichts anbrennt.
2. In einer Pfanne das Kokosöl erhitzen und darin den Pfirsich andünsten.
3. Dann die Kokosflocken dazugeben und kurz mitdünsten.
4. Den Milchreis auf Schalen verteilen, nach Belieben mit Agavendicksaft süßen. Die Pfirsichstücke daraufgeben und servieren.

VARIATION

Den Milchreis kannst Du auch mit Reisflocken zubereiten. Das ist ganz einfach und dauert nur etwa 15 Minuten. Nimm dafür 1 Tasse Reisflocken, koche sie in 2 ½ Tassen Mandeldrink auf, lass sie 5 Minuten bei schwacher Hitze köcheln und danach bei ausgeschaltetem Herd quellen, bis die Flüssigkeit verkocht ist.

Den Pfirsich kannst Du auch durch anderes Obst wie Blaubeeren, Aprikosen oder eben die Sorte, die gerade Saison hat, ersetzen. Probier's mal aus!

Optimal, wenn Du zu Hitze neigst, sowie an warmen Tagen, weil der Reis durch das Kokos leicht kühlend wirkt.

Ersetze die Hälfte des Mandeldrinks durch Wasser, um das Gericht leichter verdaulich zu machen.

Neverending Meal Tip

Nimm übrig gebliebenen Reis von gestern, gib ihn in den Topf und füge so viel Mandeldrink (oder eine andere Sorte Deiner Wahl) hinzu, bis der Reis bedeckt ist. Lass das Ganze bis zu der Konsistenz garen, die Du magst.

Einfaches BUCHWEIZEN-FRÜHSTÜCK

Buchweizen hat erhitzende und trocknende Qualitäten, was vor allem für Menschen mit träger Verdauung optimal ist. Aber auch generell im Frühjahr bei feuchtkaltem Wetter oder wenn man zu Erkältungskrankheiten oder Wassereinlagerungen neigt, ist dieses Frühstück perfekt. Es wärmt und treibt gleichzeitig die Feuchtigkeit aus dem Körper.

FÜR 2 PERSONEN

½ Tasse Buchweizen

½ EL frischer Ingwer (geschält und gehackt)
¼ TL Kardamom
1 TL Zimt
Salz

2 EL Trockenobst (z.B. Rosinen, Cranberrys)

Agavendicksaft und Nussmus nach Belieben

ZUBEREITUNG IN 4 SCHRITTEN

1. Den Buchweizen in einem Sieb gründlich waschen und abtropfen lassen.
2. Den Buchweizen in einem Topf mit 1½ Tassen Wasser, den Gewürzen und 1 Prise Salz aufkochen. Alles etwa 15 bis 20 Minuten garen lassen.
3. Dann das Trockenobst untermischen.
4. Nach Belieben mit Agavendicksaft süßen und auf Schalen verteilen. Für die cremige Variante mit 1 Klecks Nussmus servieren.

VARIATION

Gib anstelle des Trockenobsts kurz vor Ende der Garzeit andere Obstsorten dazu wie zum Beispiel Apfelstückchen.

Gib etwas Pflanzendrink zum fertigen Brei und koche das Trockenobst von Anfang an mit oder ersetze es je nach Saison zum Beispiel durch Erdbeeren. Ansonsten trocknet es Dich zu sehr aus.

Ersetze das Wasser durch kühlende Kokosmilch, die die erhitzende Qualität des Buchweizens ausgleicht.

Neverending Meal Tip

Koche die doppelte Menge Buchweizen. Füge jedoch die Gewürze erst hinzu, wenn der Buchweizen fertig gegart ist und Du die Hälfte für den nächsten Tag abgenommen hast. Nutze ihn für eine herzhafte Mahlzeit weiter – zum Beispiel mit etwas Salz und einer Handvoll Kräutern als Beilage zu Gemüse. Oder gib ihn am Schluss in Deinen Eintopf oder Deine Suppe, um das Gericht noch etwas nahrhafter zu machen.

Quinoa-Kokos-Porridge

Früher habe ich als Frühstücksbrei immer nur Haferflocken gegessen, weil es mir zu aufwendig war, Getreide zu kochen. Mittlerweile bin ich in der Küche etwas besser organisiert, liebe aber trotzdem die Getreideflocken-Varianten, weil sie noch schneller gehen.

FÜR 2 PERSONEN

1 EL Ghee oder Kokosöl
½ TL Zimt
¼ TL Kardamom
1 Prise Vanille

1 Tasse Quinoaflocken
1 Tasse Kokosmilch

Agavendicksaft nach Belieben

2 Handvoll Erdbeeren (gewaschen, geputzt und klein geschnitten)
einige Minzeblätter (gewaschen und grob gehackt)

VARIATION

In dieser Variante mit Kokosmilch, Minze und Erdbeeren ist das Porridge ideal im Sommer. Du kannst es winterlicher machen, indem Du die Minze weglässt, die Erdbeeren zum Beispiel durch Birne ersetzt und einen Mandeldrink nimmst.

ZUBEREITUNG IN 4 SCHRITTEN

1. In einem Topf Ghee oder Kokosöl erhitzen und darin die Gewürze kurz anbraten.
2. Die Quinoaflocken mit der Kokosmilch und 1 Tasse Wasser dazugeben und so lange garen, bis die Flüssigkeit verkocht ist.
3. Das Porridge nach Belieben mit etwas Agavendicksaft süßen.
4. Auf Schalen verteilen und zum Servieren die Erdbeeren und die Minze obendrauf geben.

Du kannst das Wasser durch 2 Tassen Milch ersetzen. Dadurch wird das Porridge noch cremiger.

Nutze Honig anstelle der anderen Süßungsmittel, da Honig Deine Verdauung anregt.

Chia-Blaubeer-Pudding

Ich liebe dieses Frühstück im Sommer. Es wirkt befeuchtend und dient als kleine Abkühlung, wenn es draußen warm ist. Chiasamen sind richtige Nährstoffbomben und haben einen hohen Proteingehalt. Außerdem unterstützen sie Deinen Körper bei der Verdauung.

FÜR 2 PERSONEN

4 EL Chiasamen
½ TL Zimt
¼ TL Kardamom
1 Msp. Vanille
1 Tasse Mandeldrink

2 Handvoll Blaubeeren (verlesen und gewaschen)
½–1 EL Rohrohrzucker

Kokosflocken

ZUBEREITUNG IN 4 SCHRITTEN

1. Die Chiasamen und die Gewürze mit dem Mandeldrink verrühren und mindestens 20 Minuten (oder zugedeckt über Nacht im Kühlschrank) quellen lassen. Zu Beginn einige Male umrühren, da ansonsten unschöne Klumpen entstehen.

2. In einer Pfanne die Blaubeeren mit dem Zucker und etwas Wasser kurz andünsten.

3. Nach Belieben den fertigen Chiapudding kurz zu den Blaubeeren in die Pfanne geben, um ihn leicht zu erwärmen.

4. Ansonsten die Blaubeeren auf den Pudding geben und zum Servieren mit ein paar Kokosflocken bestreuen.

VARIATION

Ersetze die Blaubeeren je nach Saison durch andere Früchte. Wenn Du den Chiapudding am Abend vorher ansetzt, bist Du morgens in 5 Minuten damit fertig. Für die kältere Jahreszeit füge ein bisschen Ingwer hinzu, um dem kühlenden Aspekt etwas entgegenzuwirken. Wenn Du die Konsistenz des Puddings nicht magst, kannst Du ihn auch wunderbar in den Mixer geben und eine ganz glatte Pudding-Variante daraus machen.

Verdünne den Mandeldrink mit Wasser oder nimm nur Wasser, dann wird das Gericht noch leichter.

Zweierlei Hirsebrei

Wenn ich die beiden Varianten gleichzeitig koche, mache ich die zweifache Menge Hirse, fülle sie in vier Schälchen, gebe in zwei Ghee, Salz und die herzhaften Gewürze und verteile Ei und Avocado darüber. In die anderen zwei kommen die süße Gewürzmischung, Apfel und Cashewmus.

HIRSEBREI SÜSS

FÜR 2 PERSONEN

½ Tasse Hirse

1–2 Äpfel (gewaschen, entkernt und klein geschnitten)
1 TL Zimt
½ TL Kardamom
½ TL Ingwer

Agavendicksaft nach Belieben

Cashewmus und Cashewkerne nach Belieben

ZUBEREITUNG IN 4 SCHRITTEN

1. Die Hirse in einem Sieb abbrausen. Dann in einem Topf mit der 3-fachen Menge Wasser aufkochen und bei mittlerer Hitze etwa 10 Minuten garen, bis die Flüssigkeit verkocht ist. Dabei gelegentlich umrühren.
2. In einem weiteren Topf die Apfelstücke mit den Gewürzen und etwas Wasser etwa 5 Minuten dünsten.
3. Den Hirsebrei nach Belieben mit Agavendicksaft süßen und auf Schalen verteilen.
4. Die Apfelstücke und nach Belieben jeweils 1 TL Cashewmus sowie einige Cashewkerne darübergeben.

HIRSEBREI HERZHAFT

FÜR 2 PERSONEN

½ Tasse Hirse

2 Eier

½ TL Kurkuma
½ TL Kreuzkümmel
¼ TL edelsüßes Paprikapulver
¼ TL Ingwer
2 TL Ghee · Salz

½ Avocado (geschält, entkernt und klein geschnitten)

ZUBEREITUNG IN 4 SCHRITTEN

1. Die Hirse in einem Sieb abbrausen. Dann in einem Topf mit der 3-fachen Menge Wasser aufkochen und bei mittlerer Hitze etwa 10 Minuten garen, bis die Flüssigkeit verkocht ist. Dabei gelegentlich umrühren.
2. In einem weiteren Topf die Eier in kochendem Wasser etwa 7 Minuten weich garen. Kalt abschrecken und pellen.
3. Die Gewürze gut vermischen und mit dem Ghee unter die fertige Hirse rühren. Mit Salz würzen.
4. Den Hirsebrei auf zwei Schalen verteilen und jeweils 1 halbiertes Ei sowie ¼ Avocado darübergeben.

Lass bei der herzhaften Variante das Ei weg und nimm mehr Avocado, das macht sie leichter verdaulich. Setze Ghee großzügig ein. Nimm bei der süßen Variante einen Pflanzendrink statt Wasser.

Die herzhafte Variante macht durch Eiweiß und Fett ordentlich satt. Lass den Ingwer bei der süßen Variante weg und ersetze die Nusskerne durch Kokosöl und -chips.

Hirse ist ideal, da sie erhitzt und austrocknend wirkt. Lass bei der herzhaften Variante das Ei weg und nimm Tomate und Kräuter. Bei der süßen Variante sparsam mit Cashewmus und Nusskernen sein.

Bananen-Pfannkuchen

Pfannkuchen isst meine Familie sehr gerne am Wochenende als Schlemmerfrühstück. Besonders die Kids freuen sich über die leckere Abwechslung. Buchweizen ist kein echtes Getreide und enthält somit kein Gluten. Es ist ein guter Ersatz für Weizen und Co. Es schmeckt leicht nussig und ist eine Nährstoffbombe.

FÜR 4–5 KLEINE PFANNKUCHEN

3 gehäufte EL Buchweizenmehl (alternativ Mehl Deiner Wahl)
½ Tasse Haferdrink
½ TL Zimt
Salz

1 Banane

1 TL Ghee oder Kokosöl

Agavendicksaft und Bananenscheiben nach Belieben

ZUBEREITUNG IN 4 SCHRITTEN

1. Buchweizenmehl, Haferdrink, Zimt und 1 Prise Salz mit den Quirlen des Handrührgeräts gut verrühren.

2. Die Banane schälen und mit der Gabel zerdrücken. In den Teig geben und gut verrühren.

3. In einer kleinen Pfanne Ghee oder Kokosöl erhitzen. Mit der Schöpfkelle Teig in die Pfanne geben und bei mittlerer Hitze etwa 3 Minuten von jeder Seite anbraten. Den fertigen Pfannkuchen warm halten und mit dem restlichen Teig ebenso verfahren.

4. Auf die Pfannkuchen nach Belieben etwas Agavendicksaft und Bananenscheiben geben und servieren.

VARIATION

Für eine komplett glutenfreie Variante verwende einen anderen Pflanzendrink, zum Beispiel aus Mandeln. Falls Du keinen Buchweizen magst, kannst Du auch jedes andere Mehl Deiner Wahl ausprobieren oder verschiedene Getreidesorten mixen. Ich nehme gerne halb Buchweizen-, halb Dinkelmehl.

Bereite die Pfannkuchen mit Kokos-Reis-Drink zu und gib statt der Banane ein paar Blaubeeren in den Teig. Füge falls nötig etwas mehr Mehl hinzu, damit der Teig nicht zu flüssig wird.

Ersetze die Banane durch einen halben geraspelten Apfel. Das verhindert, dass die schwere Banane Deine Verdauung noch träger macht.

Herzhafte Pfannkuchen
MIT AVOCADO-CREME

Ich liiiieeebe herzhafte Pfannkuchen. Für mich ist ein süßes Gericht als Hauptmahlzeit nicht befriedigend, da brauche ich schon etwas mehr Schmackes. Diese Variante der Pfannkuchen mit Avocado macht mich nicht nur satt, sondern auch glücklich – und Dich?

FÜR 4–5 KLEINE PFANNKUCHEN

6 gehäufte EL Buchweizenmehl
Salz
1 Msp. Kurkuma

1 TL Ghee

1 Avocado (geschält, entkernt und klein geschnitten)
Zitronensaft
Curry nach Belieben

1 Handvoll Rucola (gewaschen)

ZUBEREITUNG IN 4 SCHRITTEN

1. Das Mehl mit 1 Tasse Wasser, 1 Prise Salz und Kurkuma gut verrühren.
2. In einer kleinen Pfanne das Ghee erhitzen. Mit der Schöpfkelle etwas Teig in die Pfanne geben und bei mittlerer Hitze etwa 3 Minuten von jeder Seite anbraten. Den fertigen Pfannkuchen warm halten und mit dem restlichen Teig ebenso verfahren.
3. Die Avocado mit 1 Spritzer Zitronensaft, 1 kräftigen Prise Salz und nach Belieben mit etwas Curry würzen und alles gut verrühren.
4. Die Pfannkuchen mit der Avocado-Creme bestreichen, mit Rucola bestreuen und servieren.

VARIATION

Die herzhafte Variante ist auch mit Kichererbsenmehl sehr köstlich. Dann nimmst Du 5 gehäufte EL auf ½ Tasse Wasser und lässt den Teig 5 Minuten quellen, bevor Du ihn in die Pfanne gibst. Der Teig wird etwas dünner und er reicht für 2 große Pfannkuchen. Dinkelmehl kannst Du wie das Buchweizenmehl verwenden. Oder Du mixt die Getreidesorten: Ich nehme halb Buchweizen-, halb Dinkelmehl.

Lass das Curry weg, es erzeugt für Dich zu viel Hitze. Gib stattdessen ein paar gehackte Kräuter wie Petersilie oder Rucola in die Creme.

Avocado ist eventuell zu fett für Dich und kann Dich noch schwerer und träger machen. Nimm einfach eine andere Beilage, zum Beispiel einen vegetarischen Brotaufstrich oder gegartes Gemüse vom Vortag.

Ayurveda und vegan, MILCHPRODUKTFREI & GLUTENFREI

Bei der Umfrage in unserer Community und in unseren Kursen gibt es immer wieder den Wunsch, dass wir uns zu Fleisch, Milchprodukten, Gluten und veganer Ernährung äußern. Hier habe ich die für mich wichtigen Faktoren über diese Themen zusammengetragen.

Grundsätzlich gibt es für mich zwei Kategorien, um sich diesen Aspekten anzunähern. Die eine ist die Moral – ist es in Ordnung, Tiere oder tierische Produkte zu sich zu nehmen? Die andere Kategorie bezieht sich auf die Verdauung: Wie verträglich und wohltuend ist das Essen? Den ersten, moralischen Gesichtspunkt klammere ich bewusst aus. Jeder kann aus meiner Sicht für sich wählen, ob er tierische Produkte essen will oder nicht. Abgesehen von Vitamin B12, das wir laut Wissenschaft nicht aus rein pflanzlichen Lebensmitteln beziehen können, erhalten wir alle notwendigen Nährstoffe auch bei veganer Ernährung. Lass uns deshalb das Thema Verdauung genauer beleuchten.

Fleisch

In diesem Buch findest Du keine Gerichte mit Fleisch oder Fisch. Das liegt vor allem daran, dass Anette und ich uns fast komplett vegetarisch ernähren. Im Ayurveda gibt es kein richtig und falsch. Da vor allem auf die Verdaulichkeit geachtet wird und tierisches Eiweiß für unseren Körper sehr schwer zu verdauen ist, kommt es in der ayurvedischen Küche nicht so häufig vor. Allerdings sind tierische Produkte gut dafür geeignet, den Körper zu stärken und Substanz aufzubauen. Das wusste schon Oma, die früher immer Hühnersuppe gekocht hat, wenn jemand krank war.

Tierische Lebensmittel werden mit Bedacht eingesetzt und kommen vor allem mittags und eher in Form von Eintöpfen oder Suppen auf den Tisch. Sie werden mit vielen Gewürzen, aber ohne andere schwer verdauliche Nahrungsmittel wie Kartoffeln, Nudeln und Co. kombiniert. Fleisch nährt uns in der ayurvedischen Tradition nach Unfällen, Krankheit oder auch nach der Schwangerschaft. Wenn wir uns nicht in einem Schwächezustand befinden, brauchen wir das allerdings nicht. Daher sind die meisten Gerichte im Ayurveda vegetarisch, die meisten in unserem Buch vegan. Sollten sie es einmal nicht sein, schlagen wir Alternativen vor.

Milchprodukte

Auch Milchprodukte bestehen aus tierischem Eiweiß. Egal ob Milch, Käse, Quark oder Joghurt – diese Nahrungsmittel verlangen unserer Verdauung einiges ab. Zusätzlich haben Milchprodukte eine sehr nährende sowie stärkende Qualität und befeuchten den Körper. Diese beiden Aspekte sind insbesondere für die sensible Verdauung hilfreich, wobei auch Maß gehalten werden muss. Diese Verdauung ist möglicherweise nicht stark genug, um sie verarbeiten zu können. Für die träge Verdauung sind die Qualitäten nicht optimal und führen eher zu Ungleichgewicht. Menschen mit einer heißen Verdauung können darauf achten, eher milde Milchprodukte wie Sahne oder Mozzarella zu sich zu nehmen.

Glutenfrei

Ich bevorzuge beim Kochen glutenfreies Getreide, da wir Gluten oft in alltäglichen Lebensmitteln zu uns nehmen. Ob es der Teller Nudeln beim Italiener, Kekse, das Stück Kuchen oder aber die Brötchen beim Sonntagsbrunch sind – meistens sind diese aus Weizen, Dinkel oder Roggen. Das ist an sich nicht schlimm, dennoch sind diese Getreidesorten für unseren Körper schwere Kost. Genau wie auch bei rohem Gemüse und Obst oder Eiweiß ist es unproblematisch, sie ab und zu, am liebsten mittags, zu essen. Zudem halte ich es im Alltag für sinnvoll, eine möglichst große Vielfalt an Nahrungsmitteln zu mir zu nehmen, daher wähle ich meist verschiedene Getreidesorten.

ZUM ABSCHLUSS EINE KLEINE RANDNOTIZ DAZU:

Das Weglassen von glutenhaltigen Getreidesorten hilft in der Regel nicht langfristig. Denn wenn wir nicht tatsächlich Zöliakie oder Sprue haben (also eine vom Arzt attestierte Glutenunverträglichkeit), sind Verdauungsprobleme ein Indikator dafür, dass der Stoffwechsel nicht im Gleichgewicht ist. Statt die Lebensmittel, die Beschwerden verursachen, nach und nach vom Ernährungsplan zu streichen, ist es aus meiner Sicht sinnvoller, die Verdauung wieder ins Gleichgewicht zu bringen. Und dafür hältst Du dieses Buch in den Händen. Du kannst einen unserer Kurse besuchen (siehe Seite 163 hinten im Buch) oder auch in mein erstes Buch „Dein Neuanfang mit Ayurveda“ reinschauen.

Dinkelgrießbrei

Grießbrei ist ein schnelles Frühstück und beliebt bei den meisten Kindern. Du kannst ihn mit jeder Sorte Obst kombinieren. Dünste es vorher an oder gib es einfach bei Step 3 mit in den Brei. Ich präferiere extra gebratenes Obst on top. Meine Kids lieben ungesüßtes Apfelmus darüber.

FÜR 4 PERSONEN

5 Tassen Haferdrink
1 EL Ghee oder Kokosöl
2 TL Zimt
½ TL Vanille

1½ Tassen Dinkelgrieß

Salz · Zitronensaft

VARIATION

Probiere den Brei mit einem anderen pflanzlichen Drink und gib verschiedene Obstsorten hinzu. Köstlich sind ein paar Rosinen als Ergänzung.

ZUBEREITUNG IN 4 SCHRITTEN

1. Den Haferdrink mit Ghee oder Kokosöl sowie den Gewürzen in einen Topf geben und alles aufkochen.
2. Den Dinkelgrieß unter Rühren einrieseln lassen und dann aufkochen.
3. Den Grieß bei schwacher Hitze etwa 5 Minuten quellen lassen, bis eine breiartige Konsistenz entsteht.
4. Den Dinkelgrießbrei mit 1 Prise Salz und 1 Spritzer Zitronensaft abschmecken, auf Schalen verteilen und servieren.

Gib noch 1 Klecks Ghee oder Kokosöl auf Deine Portion, das fördert Deine Verdauung.

Füge etwas Ingwer hinzu, das heizt Deiner Verdauung ein. Streue klein geschnittenes Trockenobst obendrauf, das wirkt entwässernd auf Dein Gewebe.

Pflaumenkompott

Pflaumen helfen der Verdauung und sind irre köstlich. Pflaumenkompott liebe ich vor allem, wenn es im Herbst kühler wird, zum Milchreis (Seite 56) und zum Haferbrei (Seite 76). Es ist auch für den kleinen Hunger gut geeignet oder wenn die Verdauung einen Anschubser braucht.

FÜR 4 PERSONEN als Beilage

500 g Pflaumen

5 getrocknete Datteln (klein geschnitten)
2 Handvoll Rosinen
2 TL Zimt
¼ TL Vanille
1 TL frischer Ingwer (geschält und gehackt)

Zitronensaft
Reissirup oder Agavendicksaft nach Belieben

ZUBEREITUNG IN 4 SCHRITTEN

1. Die Pflaumen waschen, halbieren, entkernen und klein schneiden.
2. Die Pflaumen zusammen mit Datteln, Rosinen sowie Gewürzen in einen Topf geben. Soviel Wasser angießen, bis der Topfboden bedeckt ist.
3. Den Kompott zugedeckt bei schwacher Hitze etwa 10 Minuten köcheln lassen, bis die Pflaumen weich sind.
4. Dann mit 1 Spritzer Zitronensaft abschmecken und nach Belieben mit Reissirup oder Agavendicksaft süßen.

VARIATION

Nimm statt Wasser Pflaumensaft, lass die Rosinen weg oder gib noch weitere Gewürze wie Nelken und Anis dazu

Gib mehr Ingwer dazu, lass die Datteln weg und streue die Rosinen auf das fertige Kompott. So wirkt das Gericht zusammenziehend, was Feuchtigkeit in Deinem Körper reduziert.

Ayurvedisches OBST-FRÜHSTÜCK

Rohes und vor allem saures Obst wird im Ayurveda gerne separat gegessen. Ich werde in unseren Kursen oft gefragt, wie wir im Laufe des Tages Obst zu uns nehmen. Dies ist eine Möglichkeit. Wenn Du morgens keinen großen Appetit hast oder weniger Hunger im Sommer, kann dieses Frühstück oder Abendessen genau richtig sein.

FÜR 1 PERSON

2 Handvoll Erdbeeren
1 Handvoll Blaubeeren

1 Msp. Kardamom
1 Msp. Vanille

Zitronensaft
Reissirup oder Agavendicksaft nach Belieben

einige Minzeblätter (gewaschen und gehackt)

ZUBEREITUNG IN 4 SCHRITTEN

1. Die Erdbeeren vorsichtig waschen, putzen und vierteln. Die Blaubeeren waschen und verlesen.
2. Das Obst mit Kardamom und Vanille mischen.
3. Mit 1 Spritzer Zitronensaft abschmecken und nach Belieben mit Reissirup oder Agavendicksaft süßen.
4. Das Obst auf Gläschen verteilen und die Minze hinzufügen.

VARIATION

Bereite das Gericht mit den Früchten der Saison zu und kreiere daraus Deine Lieblingsvariante. Dies ist übrigens in den warmen Monaten ebenfalls ein gutes leichtes Abendessen, wenn das Mittagessen mal sehr schwer oder spät ausgefallen ist.

Nimm noch etwas frischen Ingwer oder auch Ingwerpulver dazu, damit die Süße des Obstes Dich nicht zu schwer macht.

Quinoabrei mit Aprikosen

Quinoa ist sehr nahrhaft. Sie enthält sehr viel Eiweiß, kein Gluten und ist dabei leicht verdaulich. Dieses Rezept ist daher in Kombination mit den frischen Aprikosen ein tolles Powerfrühstück, um gut genährt in den Tag zu starten.

FÜR 2 PERSONEN

½ Tasse Quinoa
1 EL Ghee oder Kokosöl
1 TL Zimt
1 TL frischer Ingwer (geschält und gehackt)
¼ TL Kardamom
½ TL Kurkuma

1 ½ Tassen Haferdrink

2 Aprikosen (gewaschen, entkernt und klein geschnitten)

Zitronensaft · Salz
Agavendicksaft nach Belieben

ZUBEREITUNG IN 4 SCHRITTEN

1. Die Quinoa in einem Sieb abbrausen und gut abtropfen lassen. In einem Topf Ghee oder Kokosöl erhitzen und darin die Quinoa mit den Gewürzen anbraten.
2. Den Haferdrink hinzufügen, alles aufkochen und bei mittlerer Hitze bis zur gewünschten Konsistenz garen.
3. Die Aprikosen hinzufügen und kurz mitgaren.
4. Den Quinoabrei mit 1 Spritzer Zitronensaft und 1 Prise Salz abschmecken und nach Belieben mit Agavendicksaft süßen. Auf Schalen verteilen und servieren.

VARIATION

Du kannst das Gericht auch mit anderen Obstsorten und Nusskernen zubereiten. Probiere zum Beispiel Blaubeeren oder Apfel und Cashewkerne dazu. Oder mixe verschiedene Getreidesorten, Du kennst das ja schon von mir: Ich nehme gerne halb Buchweizen-, halb Dinkelmehl.

Wenn Dir der Brei zu trocken ist, füge etwas mehr Flüssigkeit hinzu oder mische einen Löffel Nussmus oder Ghee unter.

Verdünne den Haferdrink zur Hälfte mit Wasser, ersetze die frischen Aprikosen durch getrocknete und gib sie erst zum Schluss dazu. Das macht das Gericht leichter und wirkt austrocknend.

Neverending Meal Tip

Koche die doppelte Menge Quinoa. In diesem Fall füge die Gewürze erst hinzu, wenn die Quinoa schon fertig gegart ist und Du die Hälfte für den nächsten Tag beiseitegestellt hast. Nutze sie für eine herzhafte Mahlzeit wie für den Quinoa-Salat von Seite 140.

Opas Haferbrei RELOADED

Haferbrei ist ein typisch ayurvedisches Frühstück. Schnell zubereitet, lässt er sich mit verschiedenen Obstsorten und Nusskernen gut variieren. Hafer ist sehr nährend, schwer sowie befeuchtend und im Herbst und Winter ideal. Er sorgt für Erdung, wenn der Wind die Blätter von den Bäumen pustet, und verhindert, dass wir wegen der Heizungsluft austrocknen.

FÜR 2–3 PERSONEN

1 EL Ghee oder Kokosöl
1 TL frischer Ingwer (geschält und gehackt) oder ½ TL gemahlener Ingwer
½ TL Kardamom
1 TL Zimt

1 Tasse Haferflocken (Feinblatt)
3–4 Tassen Milch oder Pflanzendrink
1 Handvoll Rosinen

1 Apfel (gewaschen, entkernt und klein geschnitten)

Salz · Zitronensaft
1 Handvoll Nusskerne nach Belieben (grob gehackt)

ZUBEREITUNG IN 4 SCHRITTEN

1. In einem Topf Ghee oder Kokosöl erhitzen und darin die Gewürze anbraten.

2. Die Haferflocken sowie Milch, Pflanzendrink oder Wasser und Rosinen dazugeben und alles aufkochen.

3. Den Apfel unterrühren, alles ein paar Minuten bei schwacher Hitze köcheln lassen. Dabei gelegentlich umrühren. Den Herd ausschalten und den Brei so lange ziehen lassen, bis die Flüssigkeit aufgenommen wurde.

4. Den Haferbrei mit 1 Prise Salz und 1 Spritzer Zitronensaft abschmecken, auf Schalen verteilen und nach Belieben mit Nusskernen bestreut servieren.

VARIATION

Nimm unterschiedliche Pflanzendrinks (z.B. aus Mandeln, Hafer oder Kokos). Auch zur Hälfte mit Wasser gemischt schmeckt der Brei gut. Das Topping kannst Du ebenfalls ändern wie auch die Nusskerne durch Kokosflocken oder Samen ersetzen. Magst Du es gerne schokoladig? Dann rühre ungesüßtes Kakaopulver ein und süße mit Ahornsirup oder Agavendicksaft.

Ersetze den Pflanzendrink durch Wasser, damit das Ganze nicht zu schwer für Dich wird. Und hilf Deiner Verdauung, indem Du etwas mehr Ingwer verwendest. Dieser wirkt dem sehr substanzreichen Hafer entgegen. Versuche zudem, die Rosinen erst im Nachhinein hinzuzufügen, das reduziert die feuchtigkeitsfördernde Wirkung des Hafers.

Gedünsteter Pfirsich MIT BLAUBEEREN

Dieses Obst passt super zu jedem süßen Brei, schmeckt jedoch auch allein als leichtes Frühstück oder Abendessen. Durch die Kokosflocken und die Minze ist diese Version besonders für den Sommer geeignet. Du kannst das Gericht aber auch sehr gut saisonal anpassen. Schau dazu mal in die Variation.

FÜR 2 PERSONEN

2 EL Kokosöl
2 Pfirsiche (gewaschen, entkernt und klein geschnitten)

4 Handvoll Blaubeeren (gewaschen und verlesen)
¼ TL Vanille

2 EL Kokosflocken

etwas Reissirup nach Belieben
Minzeblätter (gewaschen und gehackt)

ZUBEREITUNG IN 4 SCHRITTEN

1. In einer Pfanne das Kokosöl erhitzen und die Pfirsiche darin bei schwacher Hitze andünsten.
2. Die Blaubeeren und die Vanille dazugeben, vorsichtig mischen und den Herd ausschalten.
3. Die Kokosflocken unterrühren.
4. Nach Belieben mit Reissirup süßen. Das Obst auf Schalen verteilen und mit Minze bestreut servieren.

VARIATION

Dieses Rezept kannst Du mit anderem Obst zubereiten. Auch die Nusskerne, Gewürze und Kokosflocken kannst Du austauschen. Probiere doch mal Apfel mit Ingwer, Zimt und Walnusskernen aus.

Gib bei Step 1 etwas geriebenen frischen Ingwer und etwas Zimt dazu.

Saatenbrot
FÜR BROTLIEBHABER

Bist Du eher der Brot-Typ? Wenn Du gern Brot zum Frühstück isst, versuch dieses. Es kommt ohne Mehl und Backtriebmittel aus und besteht nur aus Saaten. Wenn Du es toastest, hast Du sogar ein warmes Frühstück. Lecker darauf schmeckt Marmelade oder Honig. Aber auch Gemüseaufstrich oder Nussmus sind toll. Mehr Ideen findest Du auf Seite 156.

FÜR 1 BROT

½ Tasse geschrotete Leinsamen
1 Tasse Sonnenblumenkerne
3 EL Flohsamenschalen
¾ Tasse Kürbiskerne
2 EL Chiasamen
Salz

2 EL Nussmus

ZUBEREITUNG IN 4 SCHRITTEN

1. Leinsamen, Sonnenblumenkerne, Flohsamenschalen, Kürbiskerne, Chiasamen und 1 TL Salz mischen.
2. Das Nussmus und 250 ml Wasser hinzugeben und alles gut miteinander verrühren.
3. Den Teig in eine mit Backpapier ausgelegte Kastenform (25 cm Länge) füllen und oben gut andrücken. Abgedeckt über Nacht bei Raumtemperatur stehen lassen.
4. Den Backofen auf 160 °C Umluft vorheizen. Den Teig im Ofen etwa 30 Minuten backen. Dann das Brot aus der Form nehmen und ohne Backpapier nochmals etwa 30 Minuten backen. Mit einem Holzstäbchen in das Brot stechen, wenn kein Teig mehr daran kleben bleibt, ist es fertig. Abkühlen lassen und genießen.

Sensible Verdauungstypen können Brot meist nicht so gut verdauen. Toaste das Brot und bestreiche es mit Avocado oder Ghee. Iss Brot am besten zur Mittagszeit, dann ist Dein Verdauungsfeuer am stärksten, und schau, wie es Dir bekommt.

Brot ist schwer verdaulich und kann Dich noch schwerer und träger machen. Toaste das Brot und nimm einen leichten Aufstrich wie Honig.

Einfaches Bananenbrot

Dieses Bananenbrot eignet sich ganz hervorragend fürs Frühstück und ist eine schöne Alternative zu Brötchen beim Wochenendbrunch. Probiere es pur oder mit etwas Butter, Nussmus oder Marmelade. Je reifer die Bananen sind, desto süßer und feuchter wird das Brot.

FÜR 1 BROT

5 Bananen
½ Tasse geschmolzenes Ghee oder Kokosöl
6 EL Agavendicksaft
¾ Tasse Haferdrink
1½ Tassen Buchweizenmehl
1 EL Chiasamen
2 EL Cashewmus
2 TL Zimt

Mineralwasser
etwas Öl für die Form

ZUBEREITUNG IN 4 SCHRITTEN

1. Den Ofen auf 200 °C Ober-/Unterhitze bzw. 180 °C Umluft vorheizen.
2. Die Bananen schälen und mit einer Gabel zerdrücken. Ghee oder Kokosöl, Agavendicksaft, Haferdrink, Mehl, Chiasamen, Cashewmus und Zimt mit den Quirlen des Handrührgeräts zu einem glatten Teig verrühren. Die Bananen hinzufügen und alles verrühren.
3. 1 Schuss Mineralwasser dazugeben, alles nochmals verrühren und den Teig in eine gefettete Kastenform (25 cm Länge) geben.
4. Den Teig im vorgeheizten Ofen etwa 45 Minuten backen. Mit einem Holzstäbchen in das Brot stechen, wenn kein Teig mehr daran kleben bleibt, ist es fertig. Das Bananenbrot aus dem Ofen nehmen und vor dem Verzehr vollständig abkühlen lassen.

VARIATION

Wunderbar schmeckt das Bananenbrot auch mit Walnusskernen oder anderen Nusskernen Deiner Wahl – oder aber mit Rosinen.

Bananen können Deine Verdauung noch mehr anheizen. Ersetze sie durch 1 Tasse Apfelmark (ungesüßtes Apfelmus) und eine Handvoll Rosinen.

Bananen haben eine beschwerende Wirkung und können Deine Verdauung weiter verlangsamen. Ersetze sie durch 1 Tasse Apfelmark (ungesüßtes Apfelmus) und gib 1 TL gemahlenen Ingwer sowie 1 Handvoll Rosinen in den Teig.

Zweierlei veganes Rührei

Beide Versionen geben mit jeder Menge Eiweiß Power am Morgen – und das ohne Eier. Gerade für hungrige Menschen, wie die mit der heißen Verdauung, sind sie optimal. Das Rührei bringt sie entspannt zur nächsten Mahlzeit. Zum Brunch am Wochenende ein Must-have!

MIT TOFU

FÜR 2 PERSONEN

400 g Tofu

1 EL Ghee oder Kokosöl
½ TL Kurkuma
½ TL edelsüßes Paprikapulver
1 Prise Asafoetida · Salz
schwarzer Pfeffer

1 EL Cashew- oder Mandelmus

2 Stiele Schnittlauch (gewaschen und gehackt)

ZUBEREITUNG IN 4 SCHRITTEN

1. Den Tofu mit einer Gabel zerbröseln.
2. In einer Pfanne Ghee oder Kokosöl erhitzen und darin den Tofu sowie die Gewürze etwa 2 bis 3 Minuten anbraten. Mit ½ TL Salz und 1 kräftigen Prise Pfeffer würzen.
3. 1 EL Wasser in einem Topf aufkochen und darin das Nussmus einrühren. Zum Tofu geben und alles gut vermischen.
4. Das Rührei auf Teller verteilen, mit dem Schnittlauch bestreuen und servieren.

MIT KICHERERBSENMEHL

FÜR 2 PERSONEN

7 gehäufte EL Kichererbsenmehl
¼ TL Kurkuma
½ TL edelsüßes Paprikapulver
¼ TL Kreuzkümmel
schwarzer Pfeffer
Salz
1¼ Tassen Haferdrink
2 Frühlingszwiebeln (gewaschen und in Ringe geschnitten)

1 EL Öl
½ Zucchini (gewaschen und in kleine Stücke geschnitten)

ZUBEREITUNG IN 4 SCHRITTEN

1. Das Mehl mit den Gewürzen, 1 kräftigen Prise Pfeffer, ½ TL Salz sowie dem Haferdrink mit den Quirlen des Handrührgeräts verrühren. Die Frühlingszwiebeln hinzufügen.
2. In einer Pfanne das Öl erhitzen und darin die Zucchini kurz anbraten. Die Kichererbsenmasse dazugeben und bei mittlerer Hitze etwa 5 Minuten garen lassen, ohne dabei umzurühren.
3. Mit dem Pfannenwender die Masse in kleine Stücke teilen und unter häufigem Wenden etwa 5 Minuten weitergaren.
4. Die Pfanne vom Herd nehmen und zugedeckt 5 Minuten ruhen lassen, bis die Masse fest geworden ist. Auf Teller verteilen und servieren.

Gib bei der Kichererbsenvariante bei Step 1 noch 1 Msp. Asafoetida dazu, das macht das Rührei für Dich leichter verdaulich.

Frühlingszwiebeln und Schnittlauch haben erhitzende Eigenschaften. Ersetze sie deshalb durch andere Kräuter. Lass bei der Tofu-Variante das Asafoetida weg.

MITTAG- UND ABENDESSEN

Mittag- und Abendessen

Die Mittagsmahlzeit ist im Ayurveda die Hauptmahlzeit, da zwischen 10 und 14 Uhr das Verdauungsfeuer am stärksten ist. Das bedeutet, dass wir nun auch die komplexeren Nahrungsmittel zu uns nehmen sollten. Zu dieser Zeit profitieren wir am meisten von den enthaltenen Nährstoffen.

Wir empfehlen, mittags auf genügend Substanz in den Gerichten zu achten. So hält sich zudem Dein Hungergefühl bis zur Abendmahlzeit in Grenzen und Du bist trotzdem gut genährt. Je heißer Deine Verdauung ist, desto mehr Gehalt brauchst Du. Zudem solltest Du vor allem genügend Eiweiß zu Dir nehmen. Je sensibler und vor allem träger Deine Verdauung funktioniert, desto weniger benötigst Du.

SALAT UND ROHKOST

Ayurveda ist kein besonders großer Fan von Rohkost. Das liegt vor allem daran, dass Rohkost sehr schwer für uns zu verdauen ist. Die Rohkostfans bemängeln oft, dass beim Kochen oder bei anderen Zubereitungsformen so viele Nährstoffe verloren gehen würden. Das stimmt tatsächlich. Allerdings gibt es einen wichtigen Punkt, der an dieser Stelle oft vergessen wird. Du bist NICHT, was Du isst. Du bist, was Du verdaust! Nicht alles, was oben in den Mund reinkommt, schafft es auch wirklich bis in Deine Zellen. Du kannst also noch so tolle Nährstoffe zu Dir nehmen, wenn Deine Verdauung zu schwach ist, um sie verfügbar zu machen, dann hat Dein Körper nichts davon. Rohe Salate gibt es im Ayurveda daher mittags als Beilage, wenn sie gut verdaut werden können. Da Salate gerade in den heißen Monaten eine tolle Sache sind und man sie so gut mitnehmen und kombinieren kann, ist es eine gute Idee, sie zu kochen. Das kannst Du Dir so ähnlich vorstellen wie italienische Antipasti. Ein paar leckere Varianten findest Du auf den Seiten 136 bis 141.

ABENDMAHLZEIT

Im Sinne der einfachen Küche esse ich gerne abends die Reste vom Mittagessen. Ich streue mittags zum Beispiel ein paar Samen oder Nusskerne über das Gericht, esse Wildsalat oder auch Hummus, Schafskäse oder Tofu dazu. Abends lasse ich den ganzen Schnickschnack weg und esse eine kleinere Portion. Zack, habe ich ein ayurvedisches Abendessen.

Zu uns kommen viele Teilnehmer, die ein paar Kilos loswerden wollen. Dafür sind einerseits die Mahlzeitenpausen sehr wichtig, aber andererseits vor allem die Leichtigkeit der Abendmahlzeit. Daher wird im Ayurveda grundsätzlich Gemüse empfohlen, gerne als Suppen und Eintöpfe. Da wir immer wieder nach leckeren Inspirationen gefragt werden, haben wir von Seite 112 bis 129 ein paar besonders köstliche Suppen für Dich zusammengestellt.

Bohnen
IN KOKOS-TOMATEN-SAUCE

Ich freue mich das ganze Jahr auf die Bohnenzeit im Sommer. Das Schnippeln macht ein bisschen mehr Arbeit, aber kombiniert man die Bohnen mit einem Bisschen Basmatireis, erhält man ein simples, köstliches Mittagsgericht. Durch den hohen Eiweißgehalt der Bohnen macht es schön satt. Ingwer und Curry helfen der Verdauung, damit nicht jedes Böhnchen ein Tönchen gibt.

FÜR 2 PERSONEN

1 EL Ghee oder Kokosöl
1 EL frischer Ingwer (geschält und gehackt)

4 EL Kokosflocken
1 EL Curry

3 Handevoll Stangenbohnen (geputzt und klein geschnitten)
1 Dose stückige Tomaten (400 g)
Salz

etwas Kokosmilch nach Belieben

ZUBEREITUNG IN 4 SCHRITTEN

1. In einem Topf Ghee oder Kokosöl erhitzen und darin den Ingwer kurz andünsten.
2. Kokosflocken und Curry hinzufügen und kurz mitgaren.
3. Bohnen, Tomaten sowie 1 TL Salz dazugeben und umrühren.
4. Das Gemüse zugedeckt 15 bis 20 Minuten garen, dabei gelegentlich umrühren. Wenn nicht mehr genügend Flüssigkeit vorhanden ist, etwas Wasser oder nach Belieben Kokosmilch dazugeben.

VARIATION

Diese Art der Gemüsezubereitung kannst Du auch mit anderem Gemüse wie Brokkoli oder Blumenkohl ausprobieren. Dann verringert sich allerdings die Kochzeit, da diese schneller gar sind als Bohnen. Nimm für eine eiweißreiche Mittagsmahlzeit statt Reis Quinoa oder Hirse.

Sei großzügig mit den Kokosflocken und eher sparsam mit dem Ingwer.

Gehe großzügig mit dem Ingwer und sparsam mit den Kokosflocken um. Und nimm bei Step 4 lieber Wasser.

Rote-Linsen-Bratlinge

Burger gehören leider nicht zu den Rezepten, die easy zuzubereiten sind. Nicht, weil sie so kompliziert sind, sondern weil man durch das Formen und Braten etwas mehr Zeit benötigt. Für mich definitiv nichts für wochentags. Da ich sie aber köstlich finde, mache ich sie sehr gerne in jeglicher Form am Wochenende – hier eines unserer Lieblingsrezepte.

FÜR 4 PERSONEN

3 EL Ghee
½ Stange Lauch (geputzt, gewaschen und in kleine Stücke geschnitten)
1 EL frischer Ingwer (geschält und gehackt)
1 EL Curry

2 Tassen gekochte rote Linsen (dafür brauchst Du 1 Tasse trockene Linsen)
6–8 EL Haferflocken

Salz

ZUBEREITUNG IN 4 SCHRITTEN

1. In einer Pfanne 1 EL Ghee erhitzen und darin den Lauch mit den Gewürzen bei mittlerer Hitze andünsten.
2. Die Linsen mit der Gabel gut zerdrücken und mit Haferflocken und Lauch zu einem Teig kneten.
3. Die Masse mit Salz würzen und mit den Händen zu kleinen Bratlingen formen.
4. Das restliche Ghee in einer Pfanne erhitzen und darin die Bratlinge von jeder Seite bei mittlerer Hitze etwa 3 bis 5 Minuten anbraten, bis sie schön gebräunt sind.

VARIATION

Probiere die Burger auch mit anderen Linsen wie Mung Dal oder mit Kichererbsen oder Bohnen. Beachte dabei, dass die Kochzeit abweicht. Du kannst auch noch anderes Gemüse wie geraspelte Möhren dazugeben.

Gib 1 Msp. Asafoetida dazu.

Reduziere den Ingwer um die Hälfte.

Wenn Du langsam verdaust oder zu Wassereinlagerungen neigst, gib mehr Ingwer dazu.

Klassisch
AYURVEDISCHES KITCHARI

Die Speise wird zum Detoxen genutzt, da sie maximal nährend und gleichzeitig extrem leicht zu verdauen ist. Ich mache regelmäßig Phasen, in denen ich mehrere Tage am Stück morgens, mittags und abends Kitchari esse. Ich koche morgens einen großen Topf Kitchari und esse es über den Tag auf. Jeden Tag variiere ich das Gemüse und die Gewürze etwas.

FÜR 4–6 PERSONEN

½ Tasse Mung Dal

2 EL Ghee oder Kokosöl
½ EL Koriander
½ EL Kreuzkümmel
½ EL Kurkuma
½ EL Fenchelsamen
½ EL frischer Ingwer (geschält und gehackt)
¼ TL Zimt

1 Tasse Basmatireis
1 mittelgroße Süßkartoffel (geschält und klein geschnitten)
2 EL Kokosflocken
2 Handvoll Rosinen

2 Handvoll Spinat (gewaschen)
Salz · Zitronensaft

ZUBEREITUNG IN 4 SCHRITTEN

1. Mung Dal über Nacht in einer Schüssel mit Wasser einweichen. In ein Sieb abgießen und gut abbrausen.

2. In einem großen Topf Ghee oder Kokosöl erhitzen und darin die Gewürze bei mittlerer Hitze kurz anbraten.

3. Mung Dal mit Reis, Süßkartoffel, Kokosflocken und Rosinen dazugeben und mit Wasser auffüllen, bis alles gut bedeckt ist. Aufkochen lassen und zugedeckt bei schwacher Hitze etwa 25 Minuten weich garen. Falls nötig, zwischendurch etwas Wasser hinzufügen. **Wichtig:** nicht umrühren, sonst tritt die Stärke aus dem Reis aus, klebt am Boden und das Gericht brennt dadurch an!

4. Den Spinat 5 Minuten vor Ende der Garzeit hinzugeben. Wenn die Linsen weich sind, mit 1 TL Salz und 1 Spritzer Zitronensaft abschmecken.

VARIATION

Du kannst das Gemüse je nach Geschmack oder Saison variieren. Ich nehme gerne ein Gemüse, das unter der Erde wächst, und ein grünes Blattgemüse. Auch die Gewürze sind austauschbar.

Greife anstelle der Süßkartoffel zu Möhren. Süßkartoffel wirkt sehr erdend und kann Deine Verdauung noch träger machen.

Mein Tipp

Kitchari ist ein traditionelles ayurvedisches Detoxgericht und gehört nicht zu den einfachsten in diesem Buch. Wenn es Dir zu kompliziert erscheint, dann lass einfach Step 2 weg und gib alle Zutaten von Schritt 1 bis 3 gemeinsam in den Topf. Wenn Du abnehmen möchtest, verändere das Verhältnis zwischen Reis und Mung Dal. Nimm dann 2 Teile Mung Dal und 1 Teil Reis.

Spinat-Risotto

Risotto ist kein Gericht, das sich von selbst kocht, weil man die ganze Zeit rühren muss. Aber diese Hingabe wird durch den herrlichen Geschmack belohnt. Mein Spinat-Risotto ist für sich genommen ein leichtes Essen. Du kannst es auch prima zu gedünstetem Gemüse oder Ofengemüse essen.

FÜR 2 PERSONEN

2 ½ TL Brühenpaste oder -pulver (s. S. 44)

1 EL Ghee oder Kokosöl
¾ Tasse Risotto-Reis
¼ TL Asafoetida

100 g Babyspinat (gewaschen)
Salz · schwarzer Pfeffer
Zitronensaft

ZUBEREITUNG IN 4 SCHRITTEN

1. Die Brühenpaste in einem Topf mit 3 Tassen Wasser aufkochen und warm halten.

2. In einem anderen Topf Ghee oder Kokosöl erhitzen und darin den Reis und das Asafoetida kurz anrösten.

3. So viel heiße Brühe angießen, dass der Reis bedeckt ist, und unter häufigem Rühren einköcheln lassen. Den Vorgang wiederholen, bis der Reis nach etwa 25 Minuten bissfest gegart ist.

4. Den Babyspinat 2 bis 3 Minuten vor Ende unterheben und mit 1 Prise Salz, 1 kräftigen Prise Pfeffer und 1 Spritzer Zitronensaft abschmecken.

VARIATION

Statt Babyspinat kannst Du auch Rucola und Tomaten oder gehackte Kräuter nehmen. Die Kräuter gibst Du erst ganz am Ende über das Gericht. Wenn Du magst, streue ein paar Pinienkerne obendrauf.

Gib etwas mehr Schärfe dazu, zum Beispiel Ingwer oder Cayennepfeffer, da die nährende Qualität von Kohlenhydraten Deine Verdauung sonst noch träger macht.

Chinakohl-Pfanne

Das Gericht ist ein superschnelles, leichtes Abendessen. Für mittags nehme ich Kartoffeln, Reis oder ein anderes Getreide dazu, um es gehaltvoller zu machen. Wenn Du noch Getreide übrig hast, kannst Du dieses zum Schluss unterrühren. Probiere auch ruhig verschiedene Gemüsesorten aus und schau, was Dir am besten schmeckt!

FÜR 2 PERSONEN

1 EL Ghee oder Kokosöl
1 kleiner Chinakohl (gewaschen und klein geschnitten)
3 Möhren (geschält und klein geschnitten)
1½ TL Curry

1 Tasse Kokosmilch

Salz
Sojasauce nach Belieben
schwarzer Pfeffer

ZUBEREITUNG IN 4 SCHRITTEN

1. In einer Pfanne Ghee oder Kokosöl erhitzen und darin das Gemüse mit dem Curry andünsten.
2. Die Kokosmilch dazugeben und aufkochen lassen.
3. Zugedeckt bei schwacher Hitze etwa 10 Minuten köcheln lassen, bis das Gemüse gar ist.
4. Mit 1 Prise Salz oder nach Belieben mit etwas Sojasauce und 1 kräftigen Prise Pfeffer abschmecken.

VARIATION

Ersetze den Chinakohl durch Spitzkohl und tausche die Möhren gegen eine Paprika. Auch ein paar kleine Tomaten passen gut dazu.

Nimm statt Kokosmilch Wasser, da Kokosmilch sehr fett ist. Sie macht Deine Verdauung noch langsamer.

Spektakuläres COUSCOUS-GEMÜSE

Dieses Gericht hat zwar mehr Zutaten als die meisten anderen Gerichte, geht aber sehr schnell. Du kannst es warm genießen, aber auch super bei Zimmertemperatur als „gekochten Salat“. Es eignet sich auch als Mitbringsel für ein „Jeder-bringt-was-mit-Büfett“. Da hebt es sich ein bisschen ab gegen die klassischen Nudelsalate oder Datteln im Speckmantel.

FÜR 2 PERSONEN

1 EL Ghee oder Kokosöl
1 TL frischer Ingwer (geschält und gehackt)
1 EL Kreuzkümmel
1 TL Koriander
1 TL Zimt
1 TL edelsüßes Paprikapulver

1 Zucchini (gewaschen und klein geschnitten)
3 Frühlingszwiebeln (gewaschen und in Ringe geschnitten)
2 Möhren (geschält und klein geschnitten)

1 Apfel (gewaschen, entkernt und klein geschnitten)
½ Tasse Couscous
¾ TL Brühenpaste oder -pulver (s. S. 44)

Salz · schwarzer Pfeffer
2 Handvoll Rosinen
1 Handvoll Minzblätter (gewaschen und grob gehackt)

ZUBEREITUNG IN 4 SCHRITTEN

1. Ghee oder Kokosöl in einer Pfanne erhitzen und darin die Gewürze andünsten.
2. Das Gemüse dazugeben und etwa 5 Minuten anbraten.
3. Apfel, Couscous, 1 Tasse Wasser und Brühenpaste dazugeben. Alles aufkochen, vom Herd nehmen und etwa 5 bis 10 Minuten quellen lassen.
4. Das Couscous-Gemüse mit je 1 kräftigen Prise Salz und Pfeffer abschmecken. Rosinen und Minzblätter unterrühren.

VARIATION

Probiere je nach Jahreszeit anderes Gemüse und Kräuter aus.

Couscous besteht aus Weizen und ist für Dich schwer verdaulich. Gib deshalb mehr Schärfe wie Ingwer oder schwarzen Pfeffer in das Gericht, um Deine Verdauung anzukurbeln.

Neverending Meal Tip

Wenn Du gleich eine größere Menge kochst, kannst Du das Couscous am nächsten Tag als Salat mit Kräutern sowie etwas Zitronensaft und Olivenöl essen. Vielleicht magst Du ein bisschen Feta aus Ziegen- oder Schafsmilch dazu? Wenn Du Couscous vom Vortag übrig hast, dünste nur das Gemüse mit den Gewürzen an und mische dann alles mit dem Couscous. So hast Du einen schnellen Salat.

Unterschiedliche VERDAUUNGSTYPEN AN EINEM TISCH

Am häufigsten werden wir von unserer Community gefragt, wie sich die eigene Ernährungsweise mit den Vorlieben des Partners, der Kinder oder anderer Menschen kombinieren lässt. Besonders oft werde ich gefragt: „Wie machst Du das mit Deinen Kindern?" und „Isst Matthias (mein Mann) das auch?"

KINDER UND PARTNER

Die wichtigste Empfehlung bei der gemeinsamen Mahlzeit lautet: Achte erst auf Dich und Deine Verdauung. Mir ist es sehr wichtig, dass es mir gut geht, denn ich weiß, wenn es mir gut geht, profitieren auch alle anderen davon. Ich bin davon überzeugt, dass das Essensthema oft von uns selbst verkompliziert wird (und da nehme ich mich nicht aus). Wir wollen, dass alle sich so gesund ernähren wie wir selbst. Meiner Erfahrung nach können wir das allerdings nur vorleben und nicht missionieren.
Je mehr Druck wir ausüben, desto mehr Widerstand provozieren wir. Je mehr wir loslassen, dem zustimmen, wie es ist, und uns auf uns selbst besinnen, desto leichter wird es für unsere Lieben, Neues zu probieren und uns vielleicht sogar auf unserem Weg zu folgen. Matthias isst mittlerweile fast alles, was ich koche. Bei den Kindern ist das anders. Die sind raus, sobald es um gekochtes Gemüse geht, und das ist natürlich sehr oft der Fall. Meine Art, damit umzugehen, ist das sogenannte modulare Kochen und indem ich Mahlzeiten nach dem ayurvedischen Prinzip umbaue, also Gerichte ayurvedisiere.

MODULARES KOCHEN

Modular bedeutet: aus verschiedenen Bausteinen zusammengesetzt. Wenn ich für uns alle koche, achte ich darauf, dass es unterschiedliche Bereiche gibt, sodass jeder etwas findet. Mache ich also zum Beispiel Ofengemüse für Matthias und mich, mische ich alles zusammen und gebe es auf ein Blech. Essen die Kinder mit, gibt es eine Ecke nur mit Kartoffeln, eine mit Süßkartoffeln und auch das andere Gemüse liegt dort separat. Das hat nicht nur den Vorteil, dass man es gut separat auffüllen kann, sondern auch, dass man es unterschiedlich würzen kann. Dieses Prinzip ist auf alle möglichen Gerichte übertragbar, wenn man ein bisschen kreativ wird.

AYURVEDISIEREN VON MAHLZEITEN

Ayurvedisieren bedeutet: leichter verdaulich machen. Das kann heißen, dass ich bestimmte Zubereitungsarten oder Gewürze auswähle. Es kann aber auch heißen, dass ich auf mein Essen von gestern eine Handvoll frische Kräuter gebe und einen Spritzer Zitronensaft darüberträufele, um das Gericht lebendiger zu machen. Gibt es etwa selbst gemachte Pizza, kommen Extra-Gewürze auf die Ecke, die für mich ist, weniger Käse, richtig viel Gemüse und am Ende noch eine Handvoll frisches Grün drauf.

TOPPINGS

Bei fast allen Rezepten haben wir Tipps für die verschiedenen Verdauungstypen eingefügt. Das sind oft Tipps, die Du beim Zubereiten der Mahlzeiten anwenden kannst, die aber natürlich nicht möglich sind, wenn die Mahlzeit schon fertig ist oder einfach verschiedene Typen an einem Tisch sitzen. Abgesehen von den links genannten Tipps, hier ein paar Ideen, was Du im Nachhinein machen kannst.

SENSIBLE VERDAUUNG

Menschen mit sensibler Verdauung haben die Tendenz auszutrocknen. Für sie ist es hilfreich, auf die Mahlzeit noch etwas hochwertiges Öl oder Fett zu geben. Also kommt zum Beispiel auf eine Pizza etwas Olivenöl oder es gibt Ghee zu Linsen oder anderen Hülsenfrüchten. Gewürze können helfen, den Verdauungsprozess zu unterstützen, wie nach spätem oder schwer verdaulichem Essen. Meine kleine Wunderwaffe: ein Stück Ingwer (etwa 1-Cent-Stück groß) mit etwas Honig oder Zitrone und ein bisschen Salz drauf. Das kaue ich etwa 15 Minuten vor dem Essen genüsslich. Achtung, scharf – aber es hilft. Bekömmlich ist es außerdem, ein bis zwei Gabeln Sauerkraut zur Mahlzeit zu essen.

HEISSE VERDAUUNG

Menschen mit heißer Verdauung haben die Tendenz, zu sauer oder eben zu heiß zu werden. Daher funktioniert es großartig, durch kühlende und bittere oder zusammenziehende Zutaten die Mahlzeit etwas auszugleichen. Eine Handvoll frische Kräuter oder Bittersalat über dem Essen wirkt Wunder, wie auch eine Handvoll Kokoschips oder -raspeln, etwas Gurke oder ein bisschen Minze dazu. Außerdem ist es für diese Typen wichtig, genügend Substanz zu sich zu nehmen, damit die Verdauung etwas zu tun hat, und sie nicht zu schnell wieder Hunger bekommen. Sie lieben es, wenn es knackt und sie etwas zu kauen haben, also sind Nusskerne oder Samen ganz wunderbar. Zu Suppen oder Eintöpfen passt kross getoastetes Brot als Beilage.

TRÄGE VERDAUUNG

Das Problem für Menschen mit träger Verdauung ist oft Fülle und Schwere. Gegen die Fülle hilft vor allem das Reduzieren der Menge. Nicht ganz einfach, aber sehr effektiv. Bei der Schwere geht es darum, der feuchten und langsamen Verdauung etwas unter die Arme zu greifen. Das funktioniert einerseits super mit allem, was grün ist und knackt, wie bei der heißen Verdauung. Gartenkräuter wie Petersilie, Schnittlauch, Dill, Thymian, Majoran und Co., aber auch Bittersalate wie Rauke, Chicoré und Radichio eignen sich gut. Außerdem heizt Schärfe durch Chiliflocken, Tabasco, Pfeffer etc. ordentlich ein.

Ofenkürbis

Kürbis ist ideal in der kalten Jahreszeit. Er erdet Dich und gibt Dir Substanz, die Du dann gut gebrauchen kannst. Den Ofenkürbis kannst Du super vorbereiten. Schneide den Kürbis am Vortag und bewahre ihn in einer verschließbaren Box im Kühlschrank auf. Dann brauchst Du ihn nur noch mit dem Öl und den Gewürzen zu mischen, bevor Du ihn in den Ofen gibst.

FÜR 2 PERSONEN

½ Hokkaidokürbis (ca. 500 g; gewaschen, entkernt und in Würfel geschnitten)
4 EL Öl
1 TL Kreuzkümmel
½ TL Kurkuma
½ TL edelsüßes Paprikapulver
½ TL Ingwer
Salz

1 Handvoll Rosinen
etwas Schafs- oder Ziegenfrischkäse

1 EL Agavendicksaft

ZUBEREITUNG IN 4 SCHRITTEN

1. Den Backofen auf 180 °C Umluft vorheizen.
2. Die Kürbiswürfel mit Öl und Gewürzen sowie 1 TL Salz vermischen. Auf ein mit Backpapier ausgelegtes Backblech geben und im Ofen etwa 20 Minuten garen, bis der Kürbis weich ist.
3. 5 Minuten vor Ende der Garzeit die Rosinen und den Käse dazugeben.
4. Den Kürbis aus dem Ofen holen und mit Agavendicksaft beträufelt servieren.

VARIATION

Greife zu Butternutkürbis und tausche die Rosinen gegen Cranberrys aus.

Kürbis ist sehr schwer. Um Deine Verdauung nicht zu träge werden zu lassen, iss ihn in Maßen, gib etwas mehr Ingwer oder Pfeffer dazu und lass den Käse weg.

Neverending Meal Tip

Schneide gleich die doppelte Menge Kürbis, dann kannst Du am nächsten Tag die Kürbis-Linsen-Suppe von Seite 120 zubereiten.

Rübenpüree
EINE REVOLUTION

Das Rübenpüree ist eine fantastische Beilage. Es ist ein tolles Herbst- oder Wintergericht – die Rote Bete wärmt Deinen Körper. Rüben wirken zudem erdend und geben Substanz für die kalte Jahreszeit. Du kannst das Püree mit gebratenem oder gekochtem Gemüse, Ofengemüse, Pellkartoffeln oder einem herzhaften Pfannkuchen kombinieren.

FÜR 2 PERSONEN als Beilage

4 Möhren (geschält und klein geschnitten)
2 Pastinaken (geschält und klein geschnitten)
1 Knolle Rote Bete (geschält und klein geschnitten, dabei Küchenhandschuhe tragen)
½ TL Kreuzkümmel
½ TL edelsüßes Paprikapulver
¼ TL Zimt
3–4 EL Öl

etwas Olivenöl nach Belieben
TL frischer Ingwer (geschält und gehackt)

Salz · Zitronensaft
einige Sonnenblumenkerne (nach Belieben geröstet)
einige Petersilienblätter (gewaschen und gehackt)

ZUBEREITUNG IN 4 SCHRITTEN

1. Den Backofen auf 200 °C Ober-/Unterhitze vorheizen.

2. Das Gemüse mit den Gewürzen und dem Öl vermischen. Auf ein mit Backpapier ausgelegtes Backblech geben und im Ofen etwa 20 Minuten garen, bis das Gemüse weich ist.

3. Das fertig gegarte Gemüse aus dem Ofen holen und in eine Schüssel geben. Nach Belieben etwas Olivenöl hinzufügen. Den Ingwer dazugeben und das Gemüse mit dem Stabmixer pürieren.

4. Das Püree mit Salz und 1 Spritzer Zitrone abschmecken. Die Sonnenblumenkerne unterrühren und mit Petersilie bestreuen.

VARIATION

Probiere das Püree auch mal mit Steckrübe und gib zum Schluss frische Kräuter wie Rosmarin dazu.

Füge mehr Ingwer oder Chiliflocken hinzu, damit Deine Verdauung nicht zu träge wird.

Neverending Meal Tip

Isst Du gerne Brot? Dann bereite etwas mehr Rübenpüree zu und streiche es am nächsten Tag auf Deine Stulle.

Ofenkartoffeln
ODER AYURVEDISCHE POMMES

Die Ofenkartoffeln kannst Du als Hauptgericht mit einem leckeren Dip (siehe Seite 146 bis 151) oder auch als Beilage zu gedünstetem Gemüse oder Salat essen. Für die Kinder bereite ich gerne selbst gemachte Pommes zu. Dafür nehme ich größere geschälte Kartoffeln und schneide sie längs in Stifte. Als Gewürze verwende ich Paprika und ein kleines bisschen Curry.

FÜR 2 PERSONEN

500 g kleine, festkochende Kartoffeln (z. B. Drillinge; gewaschen und halbiert)
2 EL Öl
Salz
1 Zweig Rosmarin (gewaschen, Nadeln abgezupft und gehackt)

ZUBEREITUNG IN 4 SCHRITTEN

1. Den Backofen auf 200 °C Ober-/Unterhitze vorheizen.
2. Die Kartoffeln mit Öl, 1 TL Salz und Rosmarin mischen.
3. Die Rosmarinkartoffeln auf ein mit Backpapier ausgelegtes Backblech geben.
4. Im Ofen auf der mittleren Schiene etwa 25 Minuten backen.

VARIATION

Ich liebe die Ofenkartoffeln auch mit allerlei italienischen Kräutern, aber da meckern die Kids über die grünen Punkte. Dann gibt es Ketchup und Mayo aus dem Bioladen dazu.

Gib etwas Cayennepfeffer oder Chiliflocken dazu, um Deine Verdauung anzukurbeln.

Neverending Meal Tip

Bereite gleich mehr von den Ofenkartoffeln zu, dann kannst Du sie am nächsten Tag für den Spargelsalat von Se te 13€ verwenden oder, auf die gleiche Art zubereitet, mit jeglichem anderen Gemüse als warmen Salat.

Pasta
MIT LINSENBOLOGNESE

Manchmal muss Pasta her! An Ayurveda ist so toll, dass es keine Verbote gibt. Vor allem die klassischen Hartweizen- oder Dinkelnudeln gibt es bei uns mittags, da unser Verdauungsfeuer dann am stärksten ist. Lecker sind auch Nudeln aus Hülsenfrüchten wie roten Linsen oder Erbsen. Für eine leichtere Version eignen sich Buchweizen- oder Reisnudeln.

FÜR 2 PERSONEN

½ Tasse rote Linsen
2 EL Öl
1 Möhre (fein geschnitten)
1 Stange Staudensellerie (fein geschnitten)
2 TL Majoran
¼ TL Fenchelsamen
¼ TL Asafoetida

1 TL Brühenpaste oder -pulver (s. S. 44)
½ Dose stückige Tomaten

250 g Lieblingspasta

Salz · schwarzer Pfeffer
einige Basilikumblätter (gewaschen und gehackt)

ZUBEREITUNG IN 4 SCHRITTEN

1. Die Linsen in einem Sieb abbrausen und gut abtropfen lassen. Das Öl in einem Topf erhitzen und darin Linsen, Gemüse und Gewürze bei mittlerer Hitze kurz andünsten.

2. 1½ Tassen Wasser, Brühenpaste sowie Tomaten zum Gemüse geben. Alles aufkochen und bei schwacher Hitze köcheln lassen, bis die Linsen weich sind und zerfallen.

3. In der Zwischenzeit die Pasta nach Packungsanweisung garen.

4. Die Bolognese mit Salz und Pfeffer abschmecken und mit der Pasta sowie den Basilikumblättern servieren.

VARIATION

Gib noch anderes Gemüse wie Zucchini oder Aubergine zur Bolognese.

Weiche die Linsen vor dem Kochen 1 Stunde oder über Nacht in Wasser ein, dann sind sie für Dich leichter verdaulich.

Lass das Asafoetida weg, es wirkt für Dich zu stark erhitzend. Gib am Schluss einen Schuss Kokosmilch dazu.

Nudeln aus Buchweizen oder Mais sind ideal für Dich, weil sie trocknend auf Deinen Körper wirken und weniger schwer sind als Weizennudeln. Gib etwas Cayennepfeffer zur Bolognese.

Kartoffel-Blumenkohl-EINTOPF MIT DILL

Eintöpfe sind für mich das ideale Essen zum Mitnehmen. In einem Wärmebehälter behalten sie lange ihre Temperatur und der Bauch freut sich über die leicht verdauliche Mahlzeit. Was mir an diesem Eintopf besonders gefällt, sind seine Einfachheit und die überwiegend einheimischen Zutaten. Ayurveda geht nämlich auch mit hiesigen Lebensmitteln!

FÜR 2–3 PERSONEN

1 EL Ghee oder Kokosöl
1 Zwiebel (geschält und gehackt)

1 Blumenkohl (gewaschen und in Röschen geteilt)
die gleiche Menge Kartoffeln (geschält und klein geschnitten)
1 TL Kurkuma
1 TL Kreuzkümmelsamen
Salz · schwarzer Pfeffer

1 Dose Kokosmilch
je 1 Handvoll Dill und Petersilienblätter (gewaschen und gehackt)

ZUBEREITUNG IN 4 SCHRITTEN

1. In einem Topf das Ghee oder das Kokosöl erhitzen und darin die Zwiebel anbraten.
2. Das Gemüse mit den Gewürzen, 1 kräftigen Prise Salz und Pfeffer hinzufügen. Mit Wasser bedecken und 15 bis 20 Minuten garen, bis das Gemüse weich ist.
3. Die Kokosmilch und die Kräuter hinzugeben.
4. Nach Belieben mit einem Kartoffelstampfer einen Teil des Gemüses im Topf stampfen, sodass der Eintopf sämig wird, aber noch viele Stückchen enthält.

VARIATION

Nimm auch mal Süßkartoffel anstelle der normalen Kartoffel – das schmeckt köstlich!

Lass die Kokosmilch weg und setze Pfeffer großzügig ein.

Linsen-Tomaten-
EINTOPF MIT KOKOS

Ich bin kein Freund von Nahrungsmitteln in Dosen, finde sie aber praktisch für hektische Tage. Außerdem kocht sich dieses Gericht im Grunde von allein. Du kannst den Eintopf parallel zum Frühstück köcheln lassen und dann eine Portion zum Mitnehmen in einen Wärmebehälter füllen. Den Reis entweder unterrühren oder eine Scheibe Brot einpacken.

FÜR 2–3 PERSONEN

1 Tasse rote Linsen

1 Dose stückige Tomaten (400 g)
1 Dose Kokosmilch
1 Aubergine (gewaschen und in Stücke geschnitten)
1 EL Curry

½ Tasse Basmatireis
Salz

1 Handvoll Petersilienblätter (gewaschen und gehackt) nach Belieben

ZUBEREITUNG IN 4 SCHRITTEN

1. Die Linsen in einem Sieb abbrausen.

2. Die Linsen mit Tomaten, Kokosmilch, Aubergine und Curry in einen Topf geben und bei mittlerer Hitze etwa 15 Minuten köcheln lassen. Nach Belieben etwas Wasser hinzugeben, bis die gewünschte Konsistenz erreicht ist.

3. In der Zwischenzeit den Reis zubereiten (s. S. 42).

4. Kurz vor Ende der Garzeit den Eintopf mit Salz abschmecken. Auf Teller verteilen und nach Belieben Petersilie über das Gericht geben.

VARIATION

Tausche die Aubergine gegen ein beliebiges anderes Gemüse aus. Lecker ist zum Beispiel Mangold oder auch Spinat. Beides kann man etwas später, also nach etwa 5 Minuten Garzeit, hinzugeben.

Nimm lieber gelbe Linsen, da die roten erhitzend wirken.

Gib zusätzlich noch Ingwer hinzu, spare Dir den Reis und streue viel Petersilie darüber.

Einfache Tom-Kha-Suppe

Die Currypaste gibt es in verschiedensten Varianten und der große Vorteil ist, dass die Pasten im Kühlschrank ewig halten. Ich kaufe sie gerne im Asialaden, achte aber darauf, dass sie keine Konservierungsstoffe oder sonstige Zusätze enthalten, die ich nicht kenne – oder die ich nicht in meinem Essen haben will. Es gibt sie mittlerweile auch im Bioladen.

FÜR 2 PERSONEN

1 EL Ghee oder Kokosöl
½ – 1 TL rote Thai-Currypaste
3 Frühlingszwiebeln (gewaschen und in Ringe geschnitten)
½ Brokkoli (gewaschen und in Röschen zerteilt)
3 Möhren (geschält und klein geschnitten)
1 Handvoll Buschbohnen (geputzt und halbiert)

1 Dose Kokosmilch

½ Tasse Basmatireis (s. S. 42, oder gekochter Reis vom Vortag)

Saft von ½ Limette
Salz oder Sojasauce nach Belieben
1 Handvoll Koriander-, Thai-basilikum- oder Petersilienblätter (gewaschen und gehackt)

ZUBEREITUNG IN 4 SCHRITTEN

1. In einem Topf Ghee oder Kokosöl erhitzen und darin die Currypaste und das Gemüse kurz andünsten.

2. Mit Kokosmilch und der gleichen Menge Wasser ablöschen. Alles aufkochen und zugedeckt bei schwacher Hitze etwa 10 Minuten köcheln lassen, bis das Gemüse gar ist.

3. In der Zwischenzeit den Reis zubereiten.

4. Den Reis unter das Curry rühren. Die Suppe mit Limettensaft und nach Belieben mit Salz oder Sojasauce abschmecken. Mit den Kräutern bestreut servieren.

VARIATION

Du kannst das Gericht auch mit grüner oder gelber Currypaste zubereiten. Auch bei der Auswahl des Gemüses sind Deiner Fantasie keine Grenzen gesetzt. Lecker sind auch Champignons, Zuckerschoten, Zucchini oder Mangold. Gib für ein sättigendes Mittagessen ½ Dose Kichererbsen oder etwas Tofu dazu.

Nimm nur wenig von der Currypaste oder ersetze sie durch mildes Currypulver. Und sei großzügig mit den Kräutern, sie sorgen für Kühlung.

Spitzkohl-Eintopf
MIT BIRNE

Ich mache gerne Eintöpfe mit Spitzkohl. Er ist zarter und leichter verdaulich als viele andere Kohlsorten und gart relativ schnell. Das Gericht ist ein klassischer Eintopf, jedoch ayurvedisch angehaucht. Er stärkt uns in der kalten Jahreszeit und wärmt durch die schönen Gewürze von innen.

FÜR 4 PERSONEN

1 EL Öl
1 kleine Zwiebel (geschält und gehackt)

½ Spitzkohl (ca. 500 g; in Streifen geschnitten)
3–4 Kartoffeln (geschält und klein geschnitten)
1 Birne (gewaschen, entkernt und klein geschnitten)
1 TL Kreuzkümmel
1 TL Koriander
¼ TL Zimt
3 TL Majoran
4 TL Brühenpaste oder -pulver (s. S. 44)

Salz · schwarzer Pfeffer
Zitronensaft

ZUBEREITUNG IN 4 SCHRITTEN

1. Das Öl in einem Topf erhitzen und darin die Zwiebel andünsten.

2. Spitzkohl, Kartoffeln, Birne und Gewürze dazugeben, kurz mitdünsten. Brühenpaste mit 5 Tassen Wasser hinzufügen und aufkochen lassen.

3. Den Eintopf bei schwacher Hitze etwa 20 Minuten köcheln lassen.

4. Mit je 1 kräftigen Prise Salz, Pfeffer und 1 Spritzer Zitronensaft abschmecken und servieren.

VARIATION

Gib noch anderes Gemüse wie Möhren hinzu. Ersetze die Kartoffeln durch Reis oder anderes Getreide.

Füge bei Step 2 noch 1 Msp. Asafoetida hinzu, das macht den Kohl für Dich besser verdaulich.

Wärmende
KÜRBIS-LINSEN-SUPPE

Diese Suppe ist optimal, wenn es draußen kalt und stürmisch ist. Durch den Kürbis wirkt sie erdend und die enthaltenen Gewürze wärmen Dich. Sie sorgen zudem dafür, dass Deine Verdauung optimal funktioniert. Auch die roten Linsen heizen Deinen Körper von innen, sie geben aber vor allem der Suppe ihre leckere sämige Note.

FÜR 4 PERSONEN
als Vorspeise
FÜR 2 PERSONEN
als Hauptgericht

1 EL Ghee
1 TL Kreuzkümmel
1 TL Kurkuma
1 TL Koriander
1 EL frischer Ingwer (geschält und gehackt)
¼ TL Asafoetida

¼ Tasse rote Linsen
½ Hokkaidokürbis (ca. 500 g; gewaschen, entkernt und in Stücke geschnitten)

1 Tasse Kokosmilch
2 TL Brühenpaste oder -pulver (s. S. 44)

Saft von ½ Orange
Salz · schwarzer Pfeffer

ZUBEREITUNG IN 4 SCHRITTEN

1. Das Ghee in einem Topf erhitzen und darin die Gewürze kurz anbraten.
2. Die Linsen in einem Sieb abbrausen und gut abtropfen lassen. Den Kürbis und die Linsen in den Topf geben und kurz andünsten.
3. Kokosmilch, 2 ½ Tassen Wasser und Brühenpaste dazugeben, alles aufkochen und bei schwacher Hitze 15 bis 20 Minuten köcheln lassen, bis der Kürbis weich ist.
4. Die Suppe mit dem Stabmixer bis zur gewünschten Konsistenz pürieren. Den Orangensaft dazugeben und mit Salz und Pfeffer abschmecken.

VARIATION

Nimm statt der roten Linsen eine andere Sorte wie Mung Dal. Probiere auch andere Kürbissorten wie Butternut. Für mehr Substanz kannst Du zum Schluss nach Belieben etwas Reis vom Vortag in die Suppe geben.

Weiche die Linsen vor dem Kochen über Nacht ein, dann sind sie für Dich leichter verdaulich.

Lass das Asafoetida weg und reduziere den Ingwer um die Hälfte.

Ersetze den Kürbis durch ein anderes Gemüse wie Möhren.

Klassische Kartoffelsuppe
AUF AYURVEDISCH

Diese Kartoffelsuppe ist einfach und schnell zubereitet, schön cremig und sorgt für ein wohlig-warmes Gefühl in Deinem Bauch. Genau das Richtige für graue Schmuddelwettertage. Achtung: Achte darauf, die Kartoffelsuppe in Step 3 wirklich nur ganz kurz zu pürieren, ansonsten wird sie durch die Stärke in den Kartoffeln sehr kleisterig.

FÜR 4 PERSONEN
als Vorspeise
FÜR 2 PERSONEN
als Hauptgericht

1 EL Ghee
500 g Kartoffeln (geschält und klein geschnitten)

3 TL Brühenpaste oder -pulver (s. S. 44)
2 TL Majoran
1 TL Curry

Salz · schwarzer Pfeffer
Olivenöl und Kürbiskerne (grob gehackt) nach Belieben

ZUBEREITUNG IN 4 SCHRITTEN

1. In einem großen Topf das Ghee erhitzen und darin die Kartoffeln kurz andünsten.
2. 4 Tassen Wasser, Brühenpaste, Majoran und Curry hinzufügen und alles aufkochen. Die Suppe bei schwacher Hitze köcheln lassen, bis die Kartoffeln weich gegart sind.
3. Die Suppe mit dem Stabmixer kurz pürieren.
4. Die Kartoffelsuppe mit Salz und Pfeffer abschmecken. Auf Teller verteilen und nach Belieben mit etwas Olivenöl beträufelt und mit einigen Kürbiskernen bestreut servieren.

VARIATION

Püriere die Suppe nicht ganz, sondern lass noch ein paar Stücke darin. Ich mag sie so besonders gerne und nehme mir meine Portion ab, bevor ich den Rest für die Familie glatt püriere. Und probiere mal aus, ein Viertel der Kartoffeln durch Möhren zu ersetzen – schmeckt auch sehr fein.

Gib etwas mehr Schärfe dazu wie zum Beispiel Curry oder Ingwer.

Brokkoli-Suppentraum

Es grünt so grün ... Diese Suppe ist leicht scharf und sehr cremig. Der Brokkoli schmeckt bitter und wirkt trocknend (im Fachjargon „zusammenziehend" genannt) auf Deinen Körper. Deshalb fügst Du Cashewmus hinzu, denn die enthaltenen Öle spenden Dir Feuchtigkeit. Außerdem wärmen die Gewürze und unterstützen Deine Verdauungsorgane bei ihrer Arbeit.

FÜR 4 PERSONEN
als Vorspeise
FÜR 2 PERSONEN
als Hauptgericht

2 EL Ghee oder Öl
1 EL frischer Ingwer (geschält und gehackt)
1 TL Koriander
1 TL Kreuzkümmel
1 TL Kurkuma
500 g Brokkoli (gewaschen und in Röschen zerteilt)

3 TL Brühenpaste oder -pulver (s. S. 44)

2 EL Cashewmus

Salz · Cayennepfeffer

ZUBEREITUNG IN 4 SCHRITTEN

1. Ghee oder Öl in einem Topf erhitzen und darin die Gewürze und den Brokkoli bei mittlerer Hitze kurz andünsten.

2. 4 Tassen Wasser hinzufügen, alles aufkochen, die Brühenpaste dazugeben und die Suppe bei schwacher Hitze weiterköcheln lassen, bis der Brokkoli weich ist.

3. Das Cashewmus unterrühren und die Brokkolisuppe mit dem Stabmixer pürieren.

4. Zum Schluss mit Salz und Cayennepfeffer abschmecken, auf Teller verteilen und servieren.

VARIATION

Probiere die Suppe mit Blumenkohl aus und ersetze das Cashewmus bei Step 3 durch 2 Kartoffeln.

Lass den Cayennepfeffer weg und ersetze 1 Tasse Wasser durch Kokosmilch.

Lass das Cashewmus weg!

Süßkartoffel-Chili-Suppe

Diese Suppe ist absolutes Soulfood – sie wärmt Dich mit ihren Gewürzen und erdet Dich durch die Süßkartoffeln. Man sagt, dass alles, was unter oder direkt auf der Erde wächst, die Energie auf uns überträgt und uns stabilisiert. Probiere also Wurzel- und Rübengemüse aus, wenn Du Dich besonders durcheinander oder überfordert fühlst. Es funktioniert wirklich!

FÜR 4 PERSONEN
als Vorspeise
FÜR 2 PERSONEN
als Hauptgericht

1 EL Öl
1 rote Chilischote (entkernt, gewaschen und fein gehackt)
½ EL frischer Ingwer (geschält und gehackt)
1 TL Curry
2–3 mittelgroße Süßkartoffeln (ca. 500 g; geschält und klein geschnitten)

2½ TL Brühenpaste oder -pulver (s. S. 44)

Salz · schwarzer Pfeffer
Zitronensaft

ZUBEREITUNG IN 4 SCHRITTEN

1. Das Öl in einem Topf erhitzen und darin die Gewürze mit den Süßkartoffeln bei mittlerer Hitze kurz anbraten.
2. 4 Tassen Wasser und die Brühenpaste dazugeben und alles aufkochen. Die Suppe bei schwacher Hitze 15 bis 20 Minuten garen, bis die Süßkartoffeln weich sind.
3. Die Süßkartoffel-Chili-Suppe mit dem Stabmixer bis zur gewünschten Konsistenz pürieren.
4. Mit Salz, Pfeffer und 1 Spritzer Zitronensaft abschmecken, auf Teller verteilen und servieren.

VARIATION

Koche etwas Obst mit. Apfel und Mango (wer es exotisch mag) passen super zur Süßkartoffel und geben dem Gericht eine fruchtige Note.

Lass die Chilischote weg und gib statt der Tasse Wasser Kokosmilch dazu.

Rote-Bete-Birnen-Suppe

Rote-Bete-Suppe ist für mich ein absoluter Augenschmaus. Besonders mit der Kokosmilch, die ihr noch mehr Substanz gibt, ist die Farbe spektakulär und macht bei Besuch ordentlich was her. Ich liebe auch die erdende Wirkung. Rote Bete reduziert Stress und Überforderung und verleiht uns Stabilität – wie alles, was unter der Erde wächst.

FÜR 4 PERSONEN
als Vorspeise
FÜR 2 PERSONEN
als Hauptgericht

2 EL Öl
3–4 Knollen Rote Bete (ca. 500 g; geschält und klein geschnitten, dabei Küchenhandschuhe tragen)
1 große Birne (gewaschen, entkernt und klein geschnitten)
1 Kartoffel (geschält und klein geschnitten)
½ EL frischer Ingwer (geschält und gehackt)
1 TL Zimt
1 TL Koriander
1 TL Kreuzkümmel

2 ½ TL Brühenpaste oder -pulver (s. S. 44)
1 Dose Kokosmilch

Salz · schwarzer Pfeffer
Zitronensaft
einige Zweige Thymian (gewaschen und Blätter abgezupft) nach Belieben

ZUBEREITUNG IN 4 SCHRITTEN

1. Das Öl in einem Topf erhitzen und darin Rote Bete, Birne und Kartoffel mit den Gewürzen bei mittlerer Hitze anbraten.
2. 3 Tassen Wasser, die Brühenpaste und die Kokosmilch dazugeben. Alles aufkochen und bei schwacher Hitze 20 bis 25 Minuten garen, bis die Roten Beten weich sind.
3. Die Suppe mit dem Stabmixer bis zur gewünschten Konsistenz pürieren.
4. Mit Salz, Pfeffer und 1 Spritzer Zitronensaft abschmecken und nach Belieben mit Thymianblättern bestreut servieren.

VARIATION

Probiere diese Suppe mit Maronen anstelle der Birne – so schmeckt sie sehr nussig!

Gib etwas mehr Ingwer oder Chili hinzu, um Deine Verdauung anzuheizen, und lass die Kokosmilch weg.

Brokkoli-Avocado-SALAT MIT DILL

Warme Salate sind besonders in der warmen Jahreszeit toll. Ich mache sie gerne zum Brunch, um wertvolle Nährstoffe in der Mahlzeit zu haben oder auch zu Gegrilltem. Da das Gemüse gegart ist, ist es deutlich leichter zu verdauen, als es bei einem klassischen grünen Salat der Fall ist. In der Regel mache ich gleich eine große Portion für den nächsten Tag.

FÜR 2 PERSONEN

4 EL Olivenöl
1 Brokkoli (gewaschen und in Röschen geteilt)
Salz
1 Prise Asafoetida nach Belieben

1 Avocado (geschält, entkernt und klein geschnitten)
1 Handvoll Dill (gehackt)
1–2 EL Sonnenblumenkerne (nach Belieben angeröstet)

2 TL Senf
1 EL Akazienhonig
Saft von ½ Zitrone
½ TL Kurkuma
½ TL Ingwer
½ TL edelsüßes Paprikapulver

ZUBEREITUNG IN 4 SCHRITTEN

1. In einer Pfanne 1 EL Olivenöl erhitzen und darin den Brokkoli etwa 10 bis 15 Minuten anbraten, bis er gar ist. Mit ½ TL Salz und nach Belieben mit Asafoetida würzen.
2. Den Brokkoli mit Avocado, Dill und Sonnenblumenkernen mischen.
3. Alle Zutaten für das Dressing mit 1 TL Salz und dem restlichen Öl verrühren und über den Salat geben.
4. Den Salat gut durchmischen und vor dem Servieren einige Minuten ziehen lassen.

VARIATION

Ersetze den Brokkoli durch Blumenkohl oder mische beides. Sehr gut dazu passen auch gehackte und geröstete Mandeln anstelle der Sonnenblumenkerne.

Dünste den Brokkoli in etwas Wasser, statt ihn zu braten. Das reduziert seine austrocknende Qualität. Nutze das optionale Asafoetida, da es Deiner Verdauung hilft. Gehe großzügig mit dem Öl im Dressing um.

Lass die Avocado weg, da sie sehr schwer ist und Trägheit fördert. Nimm stattdessen Tomaten und etwas Rucola dazu.

Neverending Meal Tip

Mische das Dressing in einem Marmeladenglas und mach gleich eine große Menge davon. So hast Du es für Deine Salate in den nächsten Wochen schon fertig.

Lecker-leichte Bohnen

Das Einweichen der Hülsenfrüchte war früher für mich der Grund, warum es diese nie bei mir gab, dabei geht das ganz unkompliziert. Mungobohnen sind von allen Sorten am leichtesten verdaulich. Daher eignen sie sich für alle Verdauungstypen gut und weisen einen hohen Proteingehalt auf. Noch leichter verdaulich ist die geschälte und halbierte Variante (siehe unten).

FÜR 2 PERSONEN

½ Tasse Mungobohnen

2 EL Ghee oder Öl
1 EL frischer Ingwer (geschält und gehackt)
½ EL Kreuzkümmel
1 TL Zimt
1 TL Kurkuma
¼ TL Asafoetida
½ rote Chilischote (entkernt, gewaschen und fein gehackt)
3 Möhren (geschält und klein geschnitten)

2 TL Brühenpaste oder -pulver (s. S. 44)

Salz · schwarzer Pfeffer
Zitronensaft
Reis oder Getreide gekocht nach Belieben

ZUBEREITUNG IN 4 SCHRITTEN

1. Die Mungobohnen 4 Stunden vor dem Kochen oder über Nacht in Wasser einweichen.
2. Die Bohnen in einem Sieb abbrausen und gut abtropfen lassen. Ghee oder Öl in einem Topf erhitzen und darin Mungobohnen, Gewürze, Chili und Möhren bei mittlerer Hitze kurz andünsten.
3. 1 ½ Tassen Wasser und die Brühenpaste hinzufügen, alles aufkochen lassen und bei schwacher Hitze etwa 30 Minuten köcheln, bis die Mungobohnen anfangen zu zerfallen. Eventuell etwas Wasser dazugeben.
4. Die Bohnen mit Salz, Pfeffer und Zitronensaft abschmecken und nach Belieben mit gekochtem Reis oder Getreide servieren.

VARIATION

Greife anstelle der Mungobohnen zu Mung Dal oder roten Linsen. Dann verringert sich die Garzeit um etwa 15 Minuten. Tausche die Möhren gegen ein anderes Gemüse.

Gib am Schluss noch etwas Kokosmilch hinzu, das sorgt für mehr Feuchtigkeit und gleicht die trocknende Qualität der Mungobohnen aus.

Lass das Asafoetida und die Chilischote weg, da sie für Dich zu stark erhitzend wirken.

Neverending Meal Tips

Wenn Du am Vortag eine größere Menge Getreide gekocht hast, kannst Du etwas davon zu Deinem Dal geben.

Salat aus roten Rübchen

Dieser Salat passt optimal in den Frühling. Die Rote Bete wärmt leicht und Mairübchen sowie Kräuter sorgen mit ihrem etwas bitteren Geschmack dafür, dass im Körper eingelagertes Wasser verschwindet. Ingwer bringt Schärfe ins Essen und damit Wärme in den Körper. Außerdem sieht der Salat durch die Rote Bete, die die Rübchen färbt, sensationell aus.

FÜR 4 PERSONEN
als Vorspeise
FÜR 2 PERSONEN
als Hauptgericht

2 Knollen Rote Bete (geschält und gewürfelt, dabei Küchenhandschuhe tragen)
1 Bund Mairübchen (geschält und gewürfelt)
6 EL Olivenöl

4 EL Zitronensaft
1 EL frischer Ingwer (geschält und gehackt)
8–10 kleine Zweige Thymian (gewaschen und Blätter abgezupft) oder 1–2 TL getrocknete italienische Kräuter
Salz
Honig nach Belieben

etwas Ziegenfrischkäse nach Belieben

ZUBEREITUNG IN 4 SCHRITTEN

1. Den Backofen auf 180 °C Ober-/Unterhitze vorheizen. Rote Beten und Mairübchen in zwei separaten Schüsseln mit je 1 EL Olivenöl mischen.

2. Die Roten Beten auf ein mit Backpapier ausgelegtes Backblech geben und im Ofen 30 Minuten backen. Nach 20 Minuten die Mairübchen dazugeben.

3. Für das Dressing das restliche Olivenöl, Zitronensaft, Ingwer und Thymian oder die italienischen Kräuter mischen und mit Salz und nach Belieben mit Honig abschmecken.

4. Das Gemüse aus dem Ofen holen und etwas abkühlen lassen. Nach Belieben mit Ziegenfrischkäse servieren.

VARIATION

Du kannst diesen Salat super aus jeder Gemüsesorte zubereiten und Dich dabei nach der Saison richten. Ersetze zum Beispiel die Mairübchen durch Kürbis oder Möhren und gib vor dem Rösten im Ofen etwas Zimt und Kreuzkümmel zum Olivenöl dazu. Dann passt das Rezept sehr gut in den Herbst oder Winter.

Reduziere den Ingwer oder lass ihn ganz weg, denn er erzeugt zu viel Hitze für Dich.

Mein Tipp

Dieses Gericht kannst Du vereinfachen, indem Du Vorbereitungs- und Zubereitungszeit voneinander trennst. Ich schneide gerne gleich morgens, während ich das Frühstück herrichte, oder am Abend vorher das Gemüse für das Mittagsgericht mit. Du könntest also morgens die geschnittenen Roten Beten und Mairübchen im Ofen rösten. Dann brauchst Du später nur noch das Dressing zuzubereiten und alles miteinander zu vermischen.

Warmer Spargelsalat

Ein toller Frühlings- oder Frühsommersalat. Der Spargel und die Blattsalate sind leicht bitter und wirken kühlend, der Spargel zudem entwässernd. Für den trägen Verdauungstyp wertvoll, aber auch für alle anderen, weil wir im Frühling zu Wassereinlagerungen und Schnupfen neigen.

FÜR 2 PERSONEN als Beilage

250 g festkochende Kartoffeln (gewaschen)

2 EL Ghee oder Kokosöl
1 Bund grüner Spargel (250 g; gewaschen, holzige Enden abgeschnitten und gedrittelt)
1 TL Koriander
½ TL Kurkuma
1 TL Kreuzkümmel

1–2 TL getrockneter Thymian oder ca. 10 Zweige Thymian (gewaschen und Blätter abgezupft)
1 TL Honig oder Reissirup
4 EL Zitronensaft
4 EL Olivenöl

1 Handvoll Blattsalat (z.B. Feldsalat, Rucola oder eine Wildsalatmischung; gewaschen und ggf. etwas zerkleinert)

Salz · schwarzer Pfeffer

ZUBEREITUNG IN 4 SCHRITTEN

1. Die Kartoffeln zugedeckt in kochendem Wasser 20 bis 30 Minuten weich garen. Abgießen, etwas abkühlen lassen, schälen und klein schneiden.

2. In einer Pfanne Ghee oder Kokosöl erhitzen und darin den Spargel mit den Gewürzen bei mittlerer Hitze etwa 5 bis 10 Minuten braten, bis er gar ist.

3. Für das Dressing Thymian, Honig oder Reissirup, Zitronensaft und Olivenöl verrühren. Den Spargel mit Kartoffeln, Salat und Dressing mischen.

4. Den Spargelsalat mit Salz und Pfeffer abschmecken und servieren.

Gib den Blattsalat zum Ende hin kurz mit in die Pfanne, dann ist er warm und für Dich besser verdaulich, oder lass ihn ganz weg. Ansonsten kann er Blähungen verursachen.

Füge etwas frischen gehackten Ingwer hinzu, um der Schwere der Kartoffeln entgegenzuwirken.

Fenchel-Apfel-Salat

Fenchel ist ein mildes Gemüse, das allen Verdauungstypen gut bekommt. Aber die Welt scheint sich in Fenchel-Liebhaber und Fenchel-Hasser zu teilen. Ich gehöre zu den Liebhabern, Matthias zu den Hassern. Das ist nicht immer praktisch, aber dafür habe ich dann umso mehr.

FÜR 2 PERSONEN als Beilage

2 EL Ghee oder Öl
1 mittelgroße Fenchelknolle (gewaschen, klein geschnitten, Fenchelgrün gehackt und beiseitegelegt)
1 TL Koriander
½ TL Zimt
¼ TL Kardamom
1 TL frischer Ingwer (geschält und gehackt)

1 Apfel (gewaschen, entkernt und klein geschnitten)
1 EL Reissirup

1 Handvoll Blattsalat (z.B. Feldsalat, Rucola oder Wildsalatmischung; gewaschen)
1 Handvoll Rosinen
1 EL Zitronensaft
1 EL Olivenöl

Salz · schwarzer Pfeffer
etwas Ziegenfrischkäse

ZUBEREITUNG IN 4 SCHRITTEN

1. In einer Pfanne Ghee oder Öl erhitzen und darin den Fenchel mit den Gewürzen bei mittlerer Hitze etwa 5 Minuten anbraten.
2. Apfel und Reissirup hinzugeben, umrühren und 1 bis 2 Minuten garen. Die Pfanne vom Herd nehmen und etwas abkühlen lassen.
3. Den Blattsalat mit der Apfel-Fenchel-Mischung und den Rosinen in eine Schüssel geben. Zitronensaft, Olivenöl und das Fenchelgrün hinzufügen und alles gut vermischen.
4. Den Salat mit Salz und Pfeffer abschmecken und mit etwas Ziegenfrischkäse servieren.

Hebe den Blattsalat kurz in der warmen Pfanne unter, dann ist er warm und besser verdaulich, oder verzichte auf ihn.

Käse macht Deine Verdauung noch träger, lass ihn daher weg und gib etwas mehr Ingwer dazu.

Ayurvedisches Taboulé

Taboulé kommt ursprünglich aus der arabischen Küche. Wir lieben es sehr als Beilage zu Gegrilltem. Die Petersilie und die Minze machen es köstlich frisch und bringen die Verdauung in Schwung, sodass der Bulgur gut verstoffwechselt werden kann. Das Gericht ist eine wunderbare Beilage für viele andere Speisen.

FÜR 2–3 PERSONEN

½ Tasse Bulgur
Salz

2–3 EL Öl
4 Frühlingszwiebeln (gewaschen und in Ringe geschnitten)
ca. 20 Cherrytomaten (gewaschen und halbiert)
2 TL Reissirup oder Agavendicksaft

2 Bund Petersilie (gewaschen und Blätter gehackt)
10 Stiele Minze (gewaschen und Blätter gehackt)
½ –1 EL Zitronensaft
2 Handvoll Rosinen

schwarzer Pfeffer

ZUBEREITUNG IN 4 SCHRITTEN

1. Den Bulgur in einem Topf mit 1 Tasse Wasser und 1 kräftigen Prise Salz garen (s. S. 42).

2. 1 EL Öl in einer Pfanne erhitzen und darin die Frühlingszwiebeln und die Tomaten mit dem Reissirup oder Agavendicksaft kurz andünsten.

3. Den Bulgur mit den Tomaten und den Frühlingszwiebeln in eine Schüssel geben und mit Kräutern, dem restlichen Öl, Zitronensaft und Rosinen mischen.

4. Mit Salz und Pfeffer abschmecken und servieren.

VARIATION

Probiere Couscous statt Bulgur aus. Wenn Du keine Rosinen magst, lass sie einfach weg. Ein paar Pinienkerne passen gut dazu.

Gib etwas Schärfe dazu, zum Beispiel durch etwas Cayennepfeffer oder Chiliflocken. Lass den Reissirup oder Agavendicksaft bei Step 2 weg und süße zum Schluss mit Honig. Honig ist das einzige Lebensmittel, das reduzierend wirkt. Honig darf allerdings nicht erhitzt werden.

Quinoa-Salat

Diesen Salat kannst Du wunderbar vorbereiten, indem Du die Quinoa schon am Vortag kochst. Dann brauchst Du Dich nur noch um das Gemüse und das Dressing zu kümmern – aber auch diese kannst Du schon abends oder während das Frühstück köchelt schnippeln und dann in einer Box im Kühlschrank aufbewahren.

FÜR 2 PERSONEN

½ Tasse Quinoa
½ TL Brühenpaste oder -pulver (s. S. 44)

2 EL Öl
2 Möhren (geschält und gewürfelt)
½ Zucchini (gewaschen und gewürfelt)
1 Stange Staudensellerie (gewaschen und gewürfelt)
1 TL Kreuzkümmel
1 TL Koriander
½ TL Kurkuma
1 TL frischer Ingwer (geschält und gehackt)

Saft von 1 Zitrone
½ EL Cashewmus
1 EL Olivenöl
1 EL Reissirup
Salz · schwarzer Pfeffer

½ Bund Petersilie (gewaschen und Blätter gehackt)
½ Avocado (geschält, entkernt und klein geschnitten) nach Belieben

ZUBEREITUNG IN 4 SCHRITTEN

1. Die Quinoa in einem Topf in 1 Tasse Wasser mit der Brühenpaste garen (s. S. 42) und abkühlen lassen.
2. In einem großen Topf das Öl erhitzen und darin das Gemüse mit den Gewürzen kurz andünsten. 1 EL Wasser hinzufügen und zugedeckt bei schwacher Hitze etwa 10 Minuten garen. Vom Herd nehmen und etwas abkühlen lassen.
3. Für das Dressing Zitronensaft, Cashewmus, Öl, Reissirup, ½ TL Salz und 1 kräftige Prise Pfeffer zusammen mit 3 EL Wasser verrühren.
4. Die Quinoa mit gegartem Gemüse, Petersilie, nach Belieben Avocado und Dressing mischen. Den Salat mit Salz und Pfeffer abschmecken.

VARIATION

Variiere die Gemüsesorten und probiere Paprika, Frühlingszwiebeln, Erbsen oder Brokkoli aus. Streue noch ein paar geröstete Cashewkerne auf den fertigen Salat.

Lass die Avocado und die Cashewkerne weg, sie sind schwer verdaulich und machen Deine Verdauung noch träger. Nimm stattdessen eine Handvoll Rosinen.

EXTRAS

Ayurvedische KÖSTLICHKEITEN

In diesem Kapitel findest Du allerlei Köstlichkeiten. Da wir im Ayurveda gerne simple Gemüsegerichte essen, ist es als Abwechslung schön, die Mahlzeit mit einem Extra aufzupeppen oder mit einem Nachtisch abzurunden. Dazu haben wir Dir hier einige schöne Anregungen zusammengestellt.

GESCHMACKSRICHTUNGEN

Für ein ausgewogenes Mahl ist es wichtig, alle sechs Geschmacksrichtungen in einer Mahlzeit zu integrieren. Aber es ist nicht immer leicht, süß, sauer, salzig, scharf, bitter und zusammenziehend in einem Gericht unterzubringen. Die heimlichen Helfer sind unsere Gewürze und Kräuter, mit denen wir es uns leichter machen können (siehe Seite 40 bis 41). Die einfachste Variante ist allerdings, ein Chutney zur Mahlzeit zu essen. Chutneys sind Saucen oder Dips, die alle Geschmacksrichtungen enthalten. Sie sind meistens kleine Geschmacksfeuerwerke und helfen zusätzlich Deiner Verdauung bei ihrer Arbeit. Und wenn du mehr erfahren willst, dann hole Dir mein kostenloses Geschenk „Das 1×1 der Geschmacksrichtungen" dazu. Ein Workshop samt Guide zum Downloaden. Mehr dazu findest Du ganz vorne auf Seite 5.

SÜSSES

Kleine Naschereien dürfen natürlich auch nicht fehlen. Im Ayurveda wird der Nachtisch gerne vor dem Essen gegessen, da der süße Geschmack das Verdauungsfeuer anregt. Aber ob Du unsere Köstlichkeiten vor oder nach dem Essen genießt, bleibt natürlich Dir überlassen. Uns ist es auf jeden Fall wichtig, dass Ayurveda Spaß macht und lecker schmeckt. Und ganz ehrlich – die meisten von uns lieben ab und an (oder auch gerne öfter mal) eine kleine Süßigkeit. Dafür haben wir ein paar Leckereien für Dich parat, die Dir Deinen Tag versüßen.

Rote-Bete-Äpfel-Chutney

Im Herbst und Winter ist es kalt und oft windig, da kommt dieses wärmende Chutney genau richtig. Rote Bete und Äpfel sorgen für Erdung in dieser wirbeligen Zeit und Gewürze wie Chili, Ingwer und Zimt geben Dir zusätzlich eine wohlige Wärme.

FÜR 4–6 PERSONEN

1 EL Ghee
1 walnussgroßes Stück frischer Ingwer (geschält und gehackt)
1 rote Chilischote (entkernt, gewaschen und sehr fein gehackt)

1 TL Zimt
½ TL Kardamom
2 Knollen Rote Bete (geschält und gerieben)
3 Äpfel (gewaschen und gerieben)
Saft von 1–2 Orangen nach Belieben

1 Bund Petersilie (gewaschen und Blätter gehackt)
Salz · 1–2 EL Rohrohrzucker

TIPP

Du kannst es Dir leichter machen, indem Du die Roten Beten und die Äpfel geschält in einen Blitzhacker gibst und fertigen O-Saft nimmst.

ZUBEREITUNG IN 4 SCHRITTEN

1. Das Ghee in einem Topf erhitzen und darin Ingwer und Chilischote andünsten.

2. Zimt, Kardamom, Rote Beten und Äpfel in den Topf geben. Kurz mitgaren und mit Orangensaft oder Wasser ablöschen.

3. Das Chutney bei schwacher Hitze 20 Minuten köcheln lassen.

4. Zum Schluss die Petersilie hinzufügen und alles gut vermischen. Mit Salz und Rohrohrzucker abschmecken.

Lass die Chilischote weg, um Deine Verdauung nicht noch weiter anzuheizen.

Gib mehr Ingwer oder Chilischote dazu.

Kokos-Minz-Chutney

Dieses Chutney mag zunächst eigenartig klingen, es wurde aber in unserem Coachingkurs richtig gefeiert. Unsere Teilnehmer waren auch begeistert, wie leicht es gemacht war. Da es damals richtig heiß war, konnten sie die kühlende und erfrischende Wirkung gleich spüren.

FÜR 2 PERSONEN

1 Bund Minze

Saft von ½ Limette
4 EL Kokosmilch
2 EL Kokosflocken
1–2 TL Honig
1 TL frischer Ingwer (geschält und gehackt)
½ TL Koriander

Salz

ZUBEREITUNG IN 4 SCHRITTEN

1. Die Minze waschen.
2. Die Blätter von Stielen zupfen und grob hacken.
3. Limettensaft, Kokosmilch, Kokosflocken, Honig, Ingwer und Koriander hinzufügen und alles mit dem Stabmixer pürieren.
4. Zum Schluss das Chutney mit Salz abschmecken.

TIPP

Du kannst das Kokos-Minz-Chutney zu Reis, Gemüsepfannen oder Fladen essen. Es ist ein tolles Mitbringsel zu Grillfeiern bei Freunden.

Deine Verdauung kann etwas mehr Schärfe vertragen, um dieses eher kühle Chutney zu verdauen. Gib daher etwas mehr Ingwer hinein.

Orientalischer Hummus-Traum

Hummus ist schnell gemacht und passt zu vielen Gerichten. Es bringt Eiweiß in Dein Essen, wenn Du tierisches Eiweiß aufgrund der schweren Verdaulichkeit reduzieren möchtest. Kichererbsen haben eine zusammenziehende Qualität, was besonders im Frühling nötig ist.

FÜR 2 PERSONEN

1 Dose Kichererbsen (400 g)

3 EL Tahin (Sesampaste)

1 TL Kreuzkümmel
3 EL Zitronensaft
2 EL Olivenöl

Salz
einige Petersilienblätter
(gewaschen und grob gehackt)

VARIATION

Dieses Rezept kannst Du mit Kräutern wie Petersilie oder Koriander variieren oder auch, indem Du Schafskäse oder Rote Bete dazugibst. Dann wird es ganz besonders verrückt wegen der tollen Färbung.

ZUBEREITUNG IN 4 SCHRITTEN

1. Die Kichererbsen in einem Sieb gründlich abbrausen und gut abtropfen lassen.

2. Kichererbsen und Tahin mit dem Stabmixer pürieren. Nach Belieben Wasser dazugeben.

3. Kreuzkümmel, Zitronensaft und Olivenöl hinzufügen und alles gut verrühren.

4. Zum Schluss das Hummus mit Salz abschmecken und mit Petersilie bestreut servieren.

Nimm viel Öl zum Hummus dazu, um nicht zu sehr auszutrocknen. Iss es am besten mittags, um Deine Verdauung nicht zu belasten.

Gedicht aus Petersilienpesto

Das Pesto ist köstlich zu allen möglichen Pasta-Arten. Ein leckerer Farbklecks sind Cherrytomaten dazu. Ich mag das Pesto auch gerne zu Reis oder Kartoffeln oder auf Brot. Petersilie ist besonders gut im Frühling und Sommer, aber auch generell für die heiße Verdauung.

FÜR 1 KLEINES GLAS MIT SCHRAUBVERSCHLUSS (ca. 250 ml)

5 EL Olivenöl
1–2 Frühlingszwiebeln (gewaschen und klein geschnitten)

1 Bund Petersilie (gewaschen, Blätter grob gehackt)

5 EL Sonnenblumenkerne geröstet
¼ TL Kurkuma
1 TL edelsüßes Paprikapulver
Saft von ½ Zitrone

Salz

ZUBEREITUNG IN 4 SCHRITTEN

1. In einer Pfanne 1 EL Olivenöl erhitzen und darin die Frühlingszwiebeln bei mittlerer Hitze andünsten.
2. Die Frühlingszwiebeln in den Mixer geben und die Petersilie hinzufügen.
3. Das restliche Olivenöl, Sonnenblumenkerne, Gewürze und Zitronensaft dazugeben und alles so lange mixen, bis eine Paste entsteht. Nach Belieben mehr Olivenöl oder Sonnenblumenkerne dazugeben.
4. Zum Schluss das Pesto mit Salz abschmecken. Entweder sofort genießen oder in ein sterilisiertes Glas mit Schraubverschluss geben. Das Pesto hält sich luftdicht verschlossen und mit Olivenöl bedeckt etwa 1 Woche.

VARIATION

Probiere das Pesto auch mal mit anderen Kräutern wie Rucola oder Koriander aus.

Verwende das Pesto sparsam und gib mit etwas Chili, Ingwer oder schwarzem Pfeffer Schärfe hinein.

Zweierlei ayurvedische GUACAMOLE

Avocado ist eins der wenigen Dinge, die wir alle vier mögen. Ich mache von der Avocadocreme gerne eine größere Portion. Wir essen sie im Sommer als Brotaufstrich zu Stockbrot, wenn wir die Feuertonne anmachen, oder zu Gegrilltem. Lecker ist die Creme aber auch zu Ofengemüse. Meine Kids essen sie mit rohen Gemüsesticks oder Crackern im Sommer als Mittagessen.

FÜR 2 PERSONEN

1 reife Avocado

Zitronensaft

Variante 1:
½ Bund Schnittlauch (gewaschen und gehackt)
3 Stiele Petersilie (gewaschen und Blätter gehackt)
½ TL Kreuzkümmel
schwarzer Pfeffer

Variante 2:
¼ TL Kurkuma
¼ TL edelsüßes Paprikapulver
¼ TL Ingwer
½ TL Oregano
1 Prise Asafoetida

Salz

ZUBEREITUNG IN 4 SCHRITTEN

1. Die Avocado halbieren, den Kern entfernen, das Fruchtfleisch aus der Schale lösen und mit einer Gabel zerdrücken.

2. Die Avocado sofort mit 1 Spritzer Zitronensaft vermischen, damit sie nicht braun wird.

3. **Für Variante 1** die Avocado mit Schnittlauch, Petersilie, Kreuzkümmel und 1 kräftigen Prise Pfeffer vermischen.
   Für Variante 2 die Avocado mit Kurkuma, Paprikapulver, Ingwer, Oregano und Asafoetida vermischen.

4. Beide Varianten mit Salz abschmecken und servieren.

VARIATION

Diesen Dip kannst Du mit allen grünen Kräutern zubereiten, nimm einfach das, was Du gerade im Haus hast.

Variante 1: Reduziere den Schnittlauch oder lass ihn weg. Er ist scharf und kann Deine Verdauung noch heißer werden lassen.
Variante 2: Lass das Asafoetida weg, es ist zu erhitzend für Dich.

Avocado ist sehr fett und kann deine Verdauung noch träger machen.
Variante 1: Gib etwas mehr Schärfe dazu, zum Beispiel Cayennepfeffer.
Variante 2: Nimm ½ TL Ingwer dazu.

Meal Prep ODER AYURVEDA TO GO

Die meisten Menschen haben nicht das Privileg, so wie ich von zu Hause aus und neben ihrer Küche zu arbeiten. Deshalb ist es für sie umso wichtiger, Strukturen zu etablieren, wie man auch unterwegs unkompliziert und trotzdem gut für sich sorgen kann. Hier stelle ich Dir ein paar clevere Strategien vor.

Ich bin ein großer Freund davon, mein Essen mitzunehmen. Wenn ich einen ganzen Tag unterwegs bin, habe ich nicht selten mehrere Mahlzeiten dabei. Morgens mache ich mir meinen Brei, den ich dann in einer Box zum Beispiel mit in die Bahn nehme. Und ich habe einen Wärmebehälter, der optimal fürs Mittag- oder Abendessen ist. Wenn Du immer wieder mal unterwegs bist, würde ich Dir auf jeden Fall empfehlen, Dir einen solchen Behälter zu besorgen. Mittlerweile gibt es sehr schicke, die die Lebensmittel bis zu acht Stunden warm halten. Länger ist nicht empfehlenswert, denn irgendwann kann das Essen schlecht werden. Ich habe einen Aufbewahrungsbehälter mit 500 ml Inhalt und einen mit 750 ml.

WAS EIGNET SICH GUT?

Optimal zum Mitnehmen sind Breie, Eintöpfe und Suppen, da diese Wärme gut halten. Ich nehme manchmal aber auch Ofengemüse mit. Letztendlich kannst Du alles, was Du magst, in Deinen Wärmebehälter geben.

WIE BEREITE ICH DAS ESSEN BEI WENIG ZEIT VOR?

Wichtig ist natürlich das Timing. Wenn ich morgens früh losmuss, bereite ich alles abends vor. Bin ich den ganzen Tag unterwegs, nehme ich mindestens zwei Mahlzeiten mit. Ich weiche zum Beispiel Chiasamen oder Haferflocken abends ein, schneide einen Apfel oder anderes Obst und füge es mit den Gewürzen hinzu. Das lasse ich dann auf dem Herd stehen, sodass ich den Herd morgens nur anschalten muss. So ist mein Frühstück in 10 Minuten fertig, während ich mich startklar mache, und wandert in meinen Wärmebehälter. Brauche ich eine zweite Mahlzeit, dann mache ich das Gleiche. Ich schneide zum Beispiel abends Gemüse und werfe schnellkochendes Getreide wie Reis und ein paar rote Linsen samt Gewürzen in den Topf. So brauche ich morgens nur noch heißes Wasser darüberzugeben, es 10 bis 15 Minuten köcheln zu lassen, zu salzen – und ab in den anderen Wärmebehälter. Auch das kocht sich von selbst fertig, während ich zum Beispiel dusche.

ESSEN MITNEHMEN OHNE WÄRMEBEHÄLTER

Wenn Du keinen Wärmebehälter oder nur einen besitzt, aber zwei Mahlzeiten unterwegs essen möchtest, dann habe ich noch eine andere Alternative für Dich. Du kannst jeden Eintopf „zu fest" kochen und ihn abgekühlt in eine Box mit etwas Platz geben. Dann kannst Du Dir unterwegs irgendwo heißes Wasser geben lassen oder es in einer Thermoskanne mitnehmen. Du gießt vor dem Essen etwas von dem heißen Wasser über Dein Essen und rührst es um. Es ist zwar nicht ganz heiß, aber immerhin angenehm warm, worüber sich Dein Bauch freut.

FRÜHSTÜCK MITNEHMEN OHNE KOCHEN

Chiasamen, Hafer oder Couscous eignen sich hervorragend, um es unterwegs „zuzubereiten". Ich mische mein Getreide im Voraus mit meiner süßen Gewürzmischung und nehme entweder Kompott oder eine reife Banane sowie heißes Wasser mit. Es sei denn, ich bin irgendwo, wo ich heißes Wasser bekomme. Dieses gebe ich über das Getreide und lasse es 10 Minuten quellen. Dann zerdrücke ich mit einer Gabel darin die Banane oder gebe das Kompott darüber – fertig ist das Frühstück to go. Alternativ gibt es im Bioladen vorgemischte Breie, die man nur mit heißem Wasser aufgießen muss. Das ist wirklich supereasy.

Zweierlei Energie-Bällchen

Sooooo lecker – man kann kaum glauben, dass diese süßen Köstlichkeiten auch noch sehr gesund sind. Sie sind voller Nährstoffe und verleihen uns dabei die Erdung, die wir uns bei unseren Süßjiepern oft wünschen. Die Bällchen eignen sich auch supergut zum Mitnehmen.

FÜR ETWA 15 STÜCK

Aprikosen-Kokos-Bällchen

½ Tasse getrocknete Aprikosen (grob geschnitten)
¾ Tasse Cashewkerne
Saft von ½ Orange
¼ TL Kardamom
¼ TL Zimt
1 Msp. Vanille

Dattel-Energie-Bällchen

½ Tasse frische Datteln (entkernt und grob geschnitten)
1 Tasse Mandeln
Saft von ½ Orange
½ TL Zimt

Salz

2–3 EL Kokosflocken
2–3 EL Kakaopulver

ZUBEREITUNG IN 4 SCHRITTEN

1. Alle Zutaten jeweils getrennt in den Mixer geben und so lange durchmixen, bis eine klebrige Masse entsteht (es dürfen noch kleine Stückchen enthalten sein). Zwischendurch die Masse mit einem Spatel wieder nach unten schieben.

2. Beide Varianten mit 1 Prise Salz abschmecken.

3. Mit angefeuchteten Händen aus den Massen kleine Kugeln formen.

4. Die Kokosflocken und das Kakapopulver jeweils in einen tiefen Teller geben. Die Aprikosen-Kokos-Bällchen in den Kokosflocken und die Dattel-Energie-Bällchen im Kakaopulver wälzen.

Avocado-Schoko-Mousse

Ich habe schon immer Mousse au Chocolat geliebt. Als ich vor ein paar Jahren diese Avocadovariante kennengelernt habe, war ich im siebten Himmel. Süße Schweinereien müssen auch sein. Aber ich genieße sie umso mehr, wenn sie dann auch noch so gesund sind.

FÜR 2 PERSONEN

1 reife Avocado

½ EL Cashewmus
5 EL Haferdrink
2 ½ EL Kakaopulver (ungesüßt)
½ TL Vanille
¼ TL Kardamom

3 EL Reissirup

4–6 Blätter Minze (gewaschen und grob gehackt) nach Belieben

ZUBEREITUNG IN 4 SCHRITTEN

1. Avocado halbieren, den Kern entfernen und das Fruchtfleisch aus der Schale lösen.
2. Cashewmus, Haferdrink, Kakaopulver, Vanille und Kardamom in den Mixer geben und alles zu einer luftigen Mousse verarbeiten.
3. Den Reissirup hinzufügen und alles gut verrühren. Nach Belieben etwas nachsüßen.
4. Die Mousse in zwei Schälchen füllen und nach Belieben mit etwas Minze oder 1 kleinen Prise Meersalzflocken bestreut servieren.

Süßes Sesam-Dattel-Mus

Dieses Sesam-Dattel-Mus ist extrem nährend und insbesondere im Herbst und Winter wohltuend, weil es Dich wärmt und gleichzeitig erdet. Es ist lecker als Brotaufstrich und passt auch gut zu einem süßen Frühstücksbrei. Ein kleines Allroundtalent!

FÜR 1 KLEINES GLAS MIT SCHRAUBVERSCHLUSS (ca. 250 ml)

5 EL Tahin

6–8 frische Datteln (entkernt und grob zerkleinert)
4 EL Haferdrink
1 Msp. Kardamom

Agavendicksaft nach Belieben

ZUBEREITUNG IN 4 SCHRITTEN

1. Das Tahin in einen hohen Rührbecher geben.
2. Datteln, Haferdrink und Kardamom hinzufügen.
3. Die Zutaten mit dem Stabmixer fein pürieren, ggf. noch etwas Haferdrink hinzufügen.
4. Nach Belieben mit etwas Agavendicksaft abschmecken und in ein Glas geben.

Sesam wirkt erhitzend auf Deine Verdauung, bereite das Rezept daher mit weißem Mandelmus zu.

Tahin ist sehr ölig, iss es nur in Maßen, damit Deine Verdauung nicht noch träger wird.

Gefüllte Datteln

Medjoul-Datteln sind die süße Erleuchtung für mich. Ähnlich wie bei der Avocado-Schoko-Mousse war ich total geflasht von ihrer Köstlichkeit, insbesondere in dieser Variante mit dem Nussmus. Bombastisch lecker, so schnell gemacht und auch etwas fürs Auge!

FÜR 8–10 STÜCK

10 Datteln (z.B. Medjoul)

1 EL Cashewmus
½ TL Zimt
¼ TL Kardamom

10 Nusskerne (z.B. Walnusskerne, Cashewkerne) bzw. Mandeln

ZUBEREITUNG IN 4 SCHRITTEN

1. Die Datteln vorsichtig entkernen.
2. Das Cashewmus mit Zimt und Kardamom verrühren.
3. Je 1 TL der Cashew-Gewürzmischung in jede Dattel geben.
4. Jeweils 1 Nuss oder Mandel hineinstecken und servieren.

VARIATION

Ganz toll schmeckt es, wenn Du bei Step 2 noch 1 TL Kakaopulver dazugibst.

REZEPTREGISTER

L

M

N

O

P

Über die Autorinnen

AUTORENVITA DANA SCHWANDT

Dana Schwandt steht für modernes Ayurveda, Coaching und Spiritualität. Mit ihrem Online-Coaching-Unternehmen Ichgold, das sie gemeinsam mit ihrem Mann Matthias seit Anfang 2015 führt, will sie, dass wir alle das Gold in uns entdecken und die Weisheit in uns selbst finden. Mit ihrem erfolgreichen Podcast „Da ist Gold drin“ und ihren Online-Kursen, an denen schon zig Tausende Menschen teilgenommen haben, hilft sie dabei, einen gesunden Lebensstil einfach in unseren modernen Alltag zu integrieren. Nach ihrem ersten Erfolgsbuch „Dein Neuanfang mit Ayurveda“ will sie Dir jetzt den Neuanfang in der Küche ermöglichen.

Sie lebt und arbeitet mit ihrer Familie vor den Toren Hamburgs die sesshafte Variante des digitalen Nomadentums und verändert die Welt mit dem Blick auf ihren Vorgarten.

REZEPTENTWICKLUNG ANETTE DREWS

Viele der Rezepte stammen aus dem Kochlöffel von Anette. Wir haben besprochen, welche Rezepte drin sein sollen und sie hat sie final entwickelt. Sie ist Medizinisch-technische Assistentin und lernt schon seit 2009 bei Dana. Zunächst Yoga in Danas ehemaligem Yogastudio und seit 2016 Ayurveda. Sie hat eine Ausbildung zum Koch- und Ernährungscoach bei Volker Mehl gemacht und eine zum Ayurveda-Lifestyle-Coach bei Dr. Janna Scharfenberg. Seit 2017 arbeitet sie bei Dana im Team mit und begleitet die Ayurveda-Kurse als Ernährungsexpertin, sie macht Live-Cooking-Sessions und beantwortet alle Fragen rund um das Kochen, Nahrungsmittel und Ernährung. Außerdem bietet sie Kochkurse und Workshops in Kombination mit Kräuterwanderungen und Yoga in und um Hamburg an.

Du findest Anette auf Instagram unter @ingwer_und_zimt und bei uns.
Sie lebt mit ihrem Mann und zwei Kindern in Hamburg.

Ichgold
INTEGRIERE AYURVEDISCHE ERNÄHRUNG EINFACH IN DEINEN VOLLEN ALLTAG
UND LERNE DIR UND DEM LEBEN ZU VERTRAUEN
Du denkst: “Dana, das klingt alles toll, aber ich weiß nicht, wie ich das alleine umsetze?”
Lass mich dir helfen.
TELLERGOLD. Integriere in meinem 4-wöchigen Online Coaching Programm die ayurvedische Ernährung und Lebensweise spielend in deinen vollen Alltag, fühle dich endlich wohl in deinem Körper und lerne dir und dem Leben zu vertrauen.
Sichere dir den Leserrabatt auf dieser Website: www.ichgold.de/kochbuchrabatt und melde dich an.
Erschaffe dir deinen Wohlfühlkörper und deinen Wunschalltag. Es ist einfacher als du denkst, ich zeige dir wie’s geht.
Wir sehen uns im Kurs.
Alles Liebe,
deine Dana.
50€ RABATT
auf Tellergold, unseren Online-Coaching-Kurs
www.ichgold.de/kochbuchrabatt

ZUR AUTORIN

Dana Schwandt ist mehrfache Spiegel-Bestsellerautorin, Lifecoach und Speakerin. Mit ihrem Unternehmen Ichgold, dem Podcast „Da ist Gold drin" mit bald 2,5 Mio. Downloads und diversen Onlinekursen zeigt sie Millionen von Menschen authentisch und alltagsnah, wie man lernt, mutig und sein bestes Leben zu leben, inklusive erfüllenden Beziehungen und einem gesunden Körper.

Weitere Bücher der Autorin:

→ Easy Detox mit Ayurveda

FOOD FOTOS

Im Buch enthaltene Fotos können zur eigenen Nutzung erworben werden unter ***www.stockfood.de***

IMPRESSUM

Hinter jedem tollen Buch steckt ein starkes Team

Projektleitung: *Ines Alms*
Rezeptentwicklung: *Dana Schwandt, Anette Drews*
Lektorat: *Eva Dotterweich*
Grafisches Konzept, Satz und Gestaltung:
Claudia Wolff Grafikdesign
Foodfotografie: *Julia Hoersch*
Foodstyling: *Katja Baum*
Peoplefotografie: *Grit Siwonia*
Illustrationen: *Shutterstock*
Herstellung: *Frank Jansen*
Producing: *Jan Russok*
Druck & Bindung: *optimal media GmbH, Röbel*

6. Auflage 2023

Kaiserstraße 14 b
D-80801 München
ISBN: 978-3-96584-002-7

HINWEIS

Die Ratschläge in diesem Buch wurden mit größter Sorgfalt von den Autorinnen und vom Verlag erarbeitet und geprüft. Eine Garantie kann jedoch nicht übernommen werden. Ebenso ist eine Haftung der Autorinnen bzw. des Verlags und seiner Beauftragten für Personen-, Sach- oder Vermögensschäden ausgeschlossen. Erkrankungen mit ernstem Hintergrund gehören in ärztliche Behandlung! Bei bereits bestehenden Beschwerden kann das Buch daher keinen fachärztlichen Rat ersetzen.

LIEBE LESER, LIEBE LESERINNEN

wie schön, dass Sie ein Buch von ZS in den Händen halten. „jetzt leben!“ ist das Motto unseres Verlages. Es steht für Genuss und Inspiration, Unterstützung und Motivation. Ob Kulinarik oder Fitness, Gesundheit oder Lebenshilfe – seit über 30 Jahren bieten wir kompetente Ratgeber für (fast) alle Lebenslagen. Wir lieben Tradition genauso wie Innovation – sie treiben uns an. Unsere Autorinnen und Autoren sind Menschen, die zu ihrem Thema wirklich etwas zu sagen und zu schreiben haben. Unsere Produkte sind erzählerisch, appetitmachend und als gedruckte Bücher haptisch echte Erlebnisse. Für Sie mit ganz viel Liebe gemacht! Entdecken Sie mehr aus unserer wunderbaren Welt!

UNSER VERLAGSHAUS

Mit Standorten in München, Hamburg und Berlin zählt die Edel Verlagsgruppe zu den größten unabhängigen Buchanbietern Deutschlands. Zur Edel Verlagsgruppe gehört unter anderem ZS mit seinen Lizenzmarken Dr. Oetker Verlag, Kochen & Genießen und Phaidon by ZS.

ZS - Ein Verlag der Edel Verlagsgruppe
www.zsverlag.de
www.facebook.com/zsverlag
www.instagram.com/zsverlag

FÜR DIE UMWELT

ZS unterstützt bei der Produktion dieses Buches das Projekt „Junge Riesen für die nächsten 100 Jahre“ im Naturpark Nossentiner/Schwinzer Heide. Damit wird ein Anteil der unvermeidbaren CO_2-Emissionen im direkten Umfeld des Produktionsstandortes kompensiert.

PARTNER
Naturpark Nossentiner/Schwinzer Heide
www.optimal-media.com/naturschutzprojekt-001

NEWSLETTER

Was koche ich denn heute Feines? Und wie geht das nochmal – schmackhaft und gleichzeitig gesund?

Mit dem ZS Newsletter keine kulinarischen und gesundheitlichen Trends mehr verpassen und immer auf dem neuesten Stand bleiben. Wir informieren regelmäßig über unsere Neuerscheinungen, Aktionen oder Gewinnspiele und verraten unsere Lieblingsrezepte!

ANMELDEN!

Jetzt anmelden unter:
www.zsverlag.de/newsletter

GEWINNEN

Unter allen Neuabonnierenden verlosen wir jeden Monat eine *Gesundheits-* oder *Koch-Box* von ZS.